Makramee

Manuela Kaune und Anni Lützner

Makramee

ENGLISCH VERLAG

Die Deutsche Bibliothek – CIP-Einheitsaufnahme

Makramee / Manuela Kaune und Anni Lützner. – Wiesbaden: Englisch, 1997
ISBN 3-8241-0753-8

Inhaltsverzeichnis

Vorwort

Makramee (arabisch: „Schleier", „Tüchelchen") gehört seinem Ursprung nach zu den ältesten Handarbeitstechniken. Man vermutet, dass es von den Assyrern lange vor unserer Zeitrechnung aus der Technik der geknüpften Franse entwickelt wurde. Durch die Mauren ist Makramee in Europa heimisch geworden, zuerst in Spanien, dann in Italien und danach auf dem ganzen europäischen Kontinent. In den Klöstern und Schulen an der Riviera wurde im 15. Jahrhundert den Knaben und Mädchen diese Knüpftechnik gelehrt.

Waren es damals feine Fäden aus Leinen und Seide, aus denen man feinste Spitzen knüpfte (ähnlich der Klöppelspitze), sind es heute grobe Garne aus Baumwolle, Sisal, Jute und Hanf sowie synthetische Garne, die schöne Strukturen entstehen lassen. Da das fertige Makrameestück nicht elastisch ist, eignet es sich besonders für dekorativen Wand- und Modeschmuck, Taschen, Lampen, Blumenampeln, Freundschaftsbänder und vieles mehr.

Im 1. Teil dieses Buches zeigen wir Ihnen eine Auswahl an Makramee-Knoten. Mit Hilfe der verschiedenen Abbildungen und Zeichnungen wird Ihnen das Nacharbeiten ganz leicht fallen. Im 2. Teil geben wir Anleitungen zum Nach- und Selbstgestalten von Makramee-Arbeiten.

Viel Freude an diesem schönen Hobby wünschen Ihnen

Anni Lützner und Manuela Kaune

Material, Werkzeug und Hilfsmittel

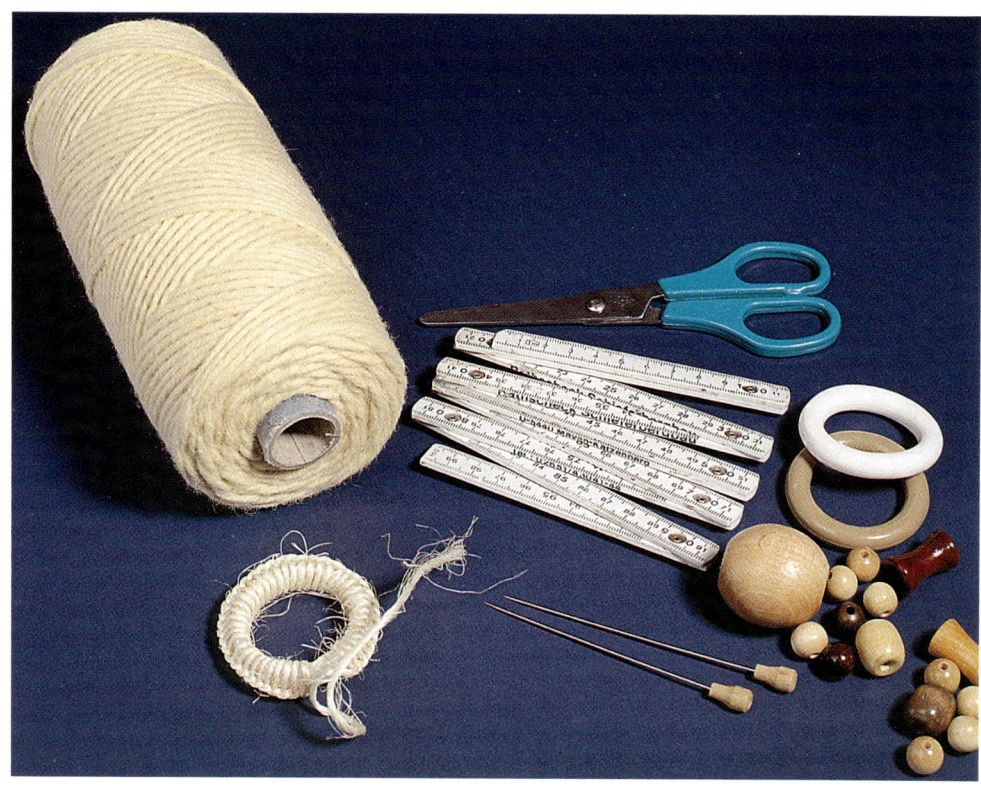

Garne

Die in diesem Buch beschriebenen Makramee-Arbeiten sind aus Sisal (2 mm stark), Hanf (5 mm stark), Acrylgarn (22-fädig, ca. 3 mm stark) und Kunstseidengarn hergestellt. Acrylgarne eignen sich besonders gut, weil sie leicht sind und sich gut knüpfen und pflegen lassen. Das ist besonders bei Lampen von Vorteil.

Sie können aber auch andere Materialien wie Leinengarne, Bindfaden, seidenartige Knüpfschnur und Wolle verwenden.
Einfarbiges Material bringt die Knüpfstruktur besser zur Geltung als mehrfarbig gezwirnte Schnüre. Mehrfarbige Muster wirken besser mit verschiedenen einfarbigen Schnüren.

Fadenlänge
Als Faustregel gilt: Die Fadenlänge ist 6- bis 10-mal länger zuzuschneiden, als die Knüpfarbeit werden soll.
Für locker Geknüpftes benötigen Sie weniger, bei dicken Schnüren ist die Fadenlänge größer zu berechnen als bei dünnen Fäden.

Dabei ist zu beachten, dass einzelne Fäden durch die verschiedenen Muster unterschiedlich verbraucht werden. Da das Ansetzen bei zu kurzen Fäden kompliziert und fast immer als Fehler sichtbar ist, bemessen wir die Fadenlänge lieber reichlich. Vor einer größeren Knüpfarbeit sollten Sie mit einigen Versuchsfäden Arbeitsproben anfertigen und verschiedene Knotenarten üben.

Anzahl der Fäden

Die Anzahl der Fäden richtet sich nach der gewünschten Breite der Arbeit und hängt von der Stärke des Materials ab.

Die Fadenzahl sollte immer das Vielfache von vier sein, weil für den am meisten verwendeten Knoten (Spiral- oder Flachknoten) in der Regel 4 Fäden benötigt werden.

Knüpfunterlage

Ähnlich wie beim Klöppeln benötigen Sie beim Knüpfen eine gute Knüpfunterlage. Entweder legen Sie eine Decke auf einen festen Untergrund (Stuhllehne, Tisch, Sessel) und befestigen die Knüpfarbeit mit Klöppelnadeln (große Stopfnadeln erfüllen auch ihren Zweck) oder Sie lassen sich vom Sattler ein Knüpfkissen (s. Abb. 1) arbeiten. Es ist ein ca. 25 cm breites und 35 cm langes abgeschrägtes gepolstertes Kistchen.

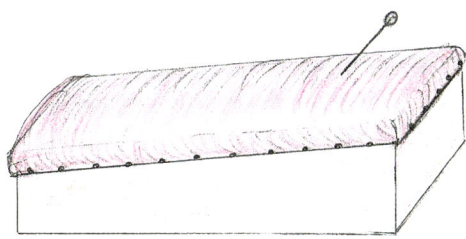

Abbildung 1: Knüpfkissen

Bei längeren Knüpfarbeiten (z.B. Blumenampeln) sollte die Arbeit in Schulterhöhe hängen. Die Arbeit kann mit einem Faden höhenregulierbar z.B. an Garderobenhaken, Fensterriegeln, Schrankgriffen o.ä., angehängt werden (s. Abb. 2).

Perlen

Mit Perlen können Sie Ihre Makramee-Arbeit verschönern. Je nach Garnart können Sie Holz-, Glas-, Metall- oder Wachsperlen verwenden.

Außerdem benötigen Sie

- Schere zum Abschneiden der Fäden
- Klöppelnadeln oder Stopfnadeln zum Befestigen der Arbeit auf der Unterlage
- Holz- oder Plastikringe

Abkürzungsverzeichnis

Abb.: Abbildung

FK: Flachknoten

F: Führungsfaden beim Rippenknoten

1E: Es wird 1 Faden eingehängt

2E: Es werden 2 Fäden eingehängt

Aufteilung ...1 ...2 ...1..: Flach- oder Spiralknoten werden mit 1 linken Außenfaden, 2 Mittelfäden und 1 rechten Außenfaden geknüpft

//: 2 Rippenknotenreihen von rechts oben nach links unten

\\: 2 Rippenknotenreihen von links oben nach rechts unten

Abbildung 2: höhenregulierbares Aufhängen

9

Makramee-Knoten

Aufschlingen und Abketten

Mit dem Aufschlingen der Fäden beginnt das Knüpfen.

Bei Modeschmuck ist es die Kette, auf die aufgeschlungen wird, bei Taschen kann es der geknüpfte Trageriemen sein, bei den Lampen ist es der obere oder untere Lampenring und beim Wandbehang eine Holz- oder Bambusleiste. Die Mitte des Knüpffadens wird als Mittelschlaufe über den zu beknüpfenden Gegenstand wahlweise von hinten (Abb. 3) oder von vorn (Abb. 4) geschoben und beide Fadenenden werden durch- und anschließend festgezogen.

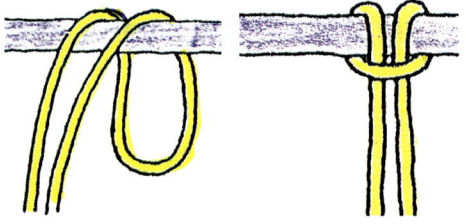

Abbildung 3: Aufschlingen von hinten

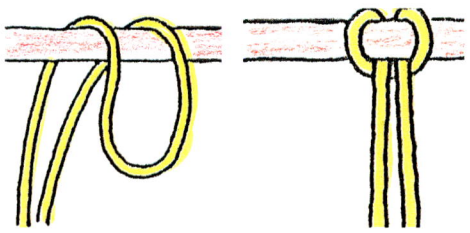

Abbildung 4: Aufschlingen von vorn

Eine weitere Methode des Aufschlingens, besonders für Wandbehänge, Kalenderbänder und Eulen zu empfehlen, ist die in der Abb. 5 gezeigte. Sie hat den Vorteil, dass die Makramee-Arbeit problemlos zum Waschen abge-

nommen und einfach wieder aufgeschoben werden kann.

Hängen Sie die Doppelfäden über den zu beknüpfenden Gegenstand und fixieren Sie sie mit Flachknoten.

Abbildung 5: andere Art des Aufschlingens

Abketten:

Werden einzelne Fäden von Nadeln gehalten (z. B. bei Gürteln), müssen nach Beendigung der Arbeit die Schlaufen nach Abb. 6 abgekettet und die letzte Schlaufe festgenäht werden.

Abbildung 6: Abketten

Spiral- und Flachknoten

Diese beiden Knotenarten sind neben dem Rippenknoten die Hauptknoten in der Makramee-Technik.

Sie sind sehr vielseitig und werden in der Regel mit 4 Fäden geknüpft.

Spiralknoten

Auf den Abb. 7 bis 9 ist zu sehen, wie die Außenfäden um die Mittelfäden zu knüpfen sind. Nach etwa 6 Knoten untereinander zeigt das Knotenband eine halbe Drehung.

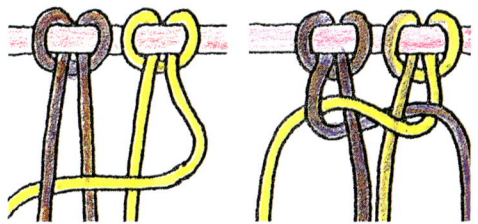

Abbildung 7: Spiralknoten rechts beginnend

Abbildung 8: Spiralknoten links beginnend

Die Spirale dreht sich nach rechts, wenn Sie links beginnen, und sie dreht sich nach links, wenn Sie rechts beginnen.

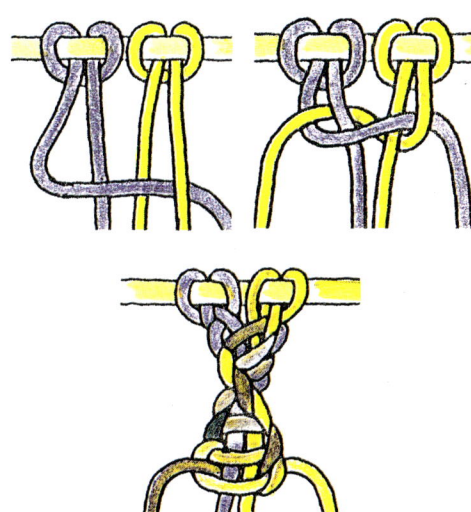

Abbildung 9: Spiralknoten links beginnend

Flach- oder Weberknoten

Knüpfen Sie nach einem links beginnenden Spiralknoten einen rechts beginnenden, erhalten Sie den links beginnenden Flachknoten. Es gibt demzufolge auch den rechts beginnenden Flachknoten. Das ist wichtig zu wissen, wenn zweifarbig geknüpft wird. Die rechts beginnenden Flachknoten geben ein anderes Farbmuster als die links beginnenden (Abb. 9a: rechts und danach links beginnende Flachknoten).

Abbildung 9a: rechts und links beginnende Flachknoten

11

Durch das Versetzen der Knoten verbinden Sie beide Knotenbänder und erhalten die versetzten Flachknoten.

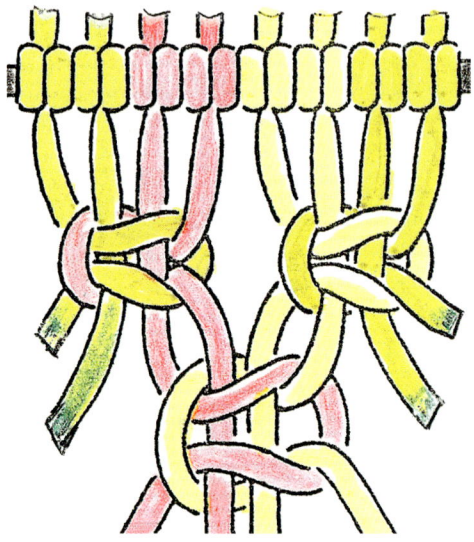

Abbildung 10a: versetzte Flachknoten

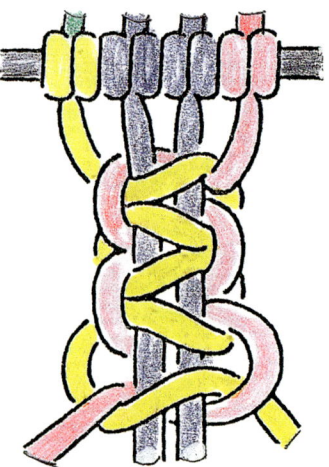

Abbildung 10: Flachknoten

Das entstehende Muster wird bestimmt durch den Rhythmus, wie Sie die Knoten versetzen. Auf den Abb. 11 und 11a sehen Sie eine Auswahl von Rhomben, Dreiecken und Schrägen, kombiniert mit Rippen- und Brezelknoten.

Abbildung 11: Flachknoten kombiniert mit Rippenknoten

Abbildung 11a: Flachknoten kombiniert mit Brezelknoten

Kettenknoten

Der Kettenknoten ist ein einfacher Knoten, der in Wandbehängen oder Blumenampeln sehr dekorativ wirkt. Die beiden Fäden (beim doppelten Kettenknoten sind es vier Fäden, siehe Abb. 13) wechseln mit den in der Abb. 12 gezeigten Fadenumschlingungen.

Abbildung 12: Kettenknoten

Netzknoten und Abbinden

Der Netzknoten ist in der Regel der Abschlussknoten bei Lampen und Taschen. Es werden mehrere (bei Lampen zwei bis drei, bei Taschen bis zu acht) Fäden zu einer Schlinge um den linken Finger gelegt und die Fadenenden durchgezogen. Wichtig ist, dass der Knoten sehr fest gezogen wird und die Knoten gleichmäßig sind. Auch das Abbinden ist wie der Netzknoten ein Abschlussknoten (Fransen bei Wandbehängen, Abschluss bei Blumenampeln usw.). Ein Fadenbund wird wie in Abb. 15 gezeigt fest und gleichmäßig umwickelt. Der Umwicklungsfaden wird durch die Schlaufe (1) geführt. Danach wird der Faden (2) bis ca. zur Mitte durch die Umwicklung gezogen. Der Faden (2) wird kurz über der Umwicklung abgeschnitten.

Abbildung 14:
Netzknoten

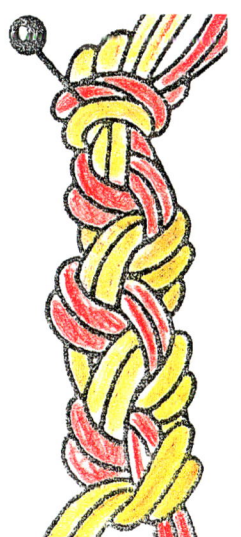

Abbildung 13:
doppelter
Kettenknoten

Abbildung 13a:
doppelter
Kettenknoten

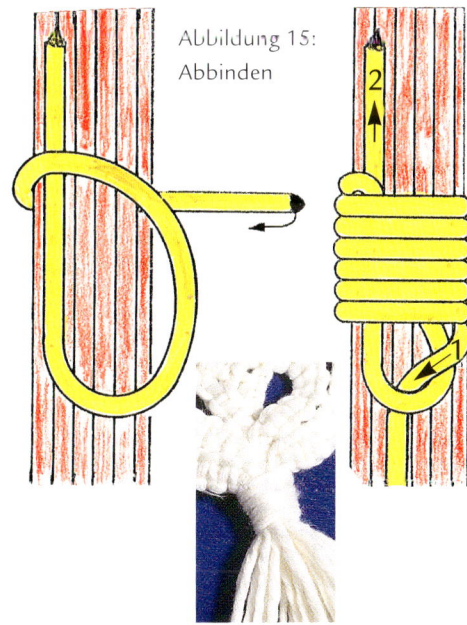

Abbildung 15:
Abbinden

13

Brezelknoten

Dieser Knoten erfordert etwas Übung. Aber die Mühe lohnt sich!

Abbildung 16: Brezelknoten

Der Brezelknoten ist sehr vielseitig verwendbar und Sie können ihn ein- oder mehrfädig arbeiten. Der linke Faden wird wie in Abb. 16 gelegt und der rechte Faden hindurchgeschlungen. In Abb. 16a ist dieser Knoten mit 12 Fäden geknüpft.

Im Wandbehang des Titelbildes ist der Brezelknoten mit 4 Fäden über 8 Fäden in einem Rhombus gearbeitet.

Der Brezelknoten wird locker geknüpft.

Abbildung 16a: Brezelknoten

Rippenknoten

Auch der Rippenknoten erfordert einige Übung, denn er muss gleichmäßig geknüpft werden. Das schwierigste dabei ist, dass der Knoten mit der rechten und auch mit der linken Hand geknüpft werden muss, je nach Verlauf der Rippe. Für den Rippenknoten benötigen Sie 2 Fäden, den Führungs-(F) und den Knüpffaden.

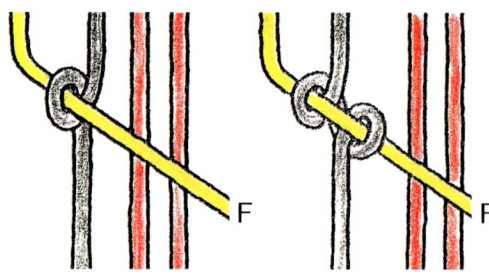

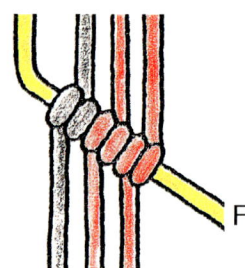

Abbildung 17: Rippenknoten diagonal von links nach rechts

Arbeiten Sie von links nach rechts, liegt der Führungsfaden in der rechten Hand (Abb. 17) und mit der linken Hand knüpfen Sie die Rippe. Arbeiten Sie von rechts nach links, ist es umgekehrt.

Die Rippe entsteht durch zweimaliges Schlingen um den Führungsfaden. Wichtig ist, dass sich die Rippe auf dem Führungsfaden schieben lässt. Ist das nicht der Fall, hat sich ein Fehler beim Knüpfen eingeschlichen und Sie müssen den Knoten noch einmal wiederholen. Das Auftrennen ist schwer, wenn die Rippe zu fest gezogen wurde.

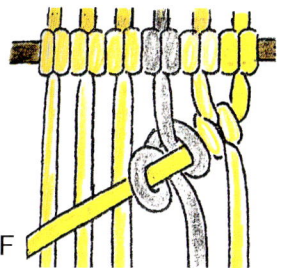

Abbildung 18: Rippenknoten von rechts nach links

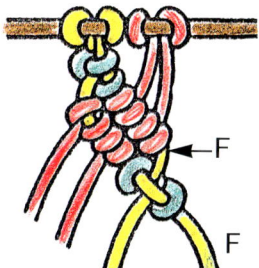

Abbildung 19: Doppelrippe von links nach rechts

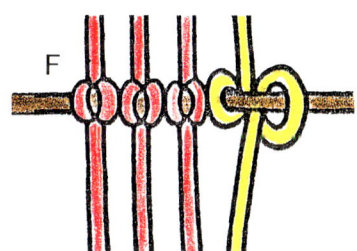

Abbildung 20: waagrechter Rippenknoten

Abbildung 23a: Rhombus mit versetzten Flachknoten

Die diagonal verlaufenden Rippen können sich kreuzen und bilden Winkel und Rhomben, die sich gut mit anderen Knoten variieren lassen und verschiedenartige Muster ergeben.

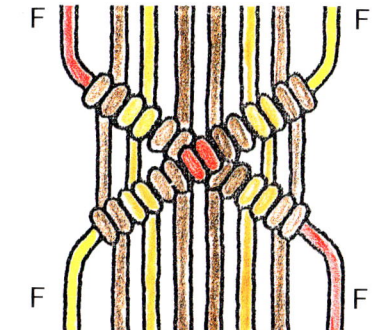

Abbildung 21: Rippenknoten kreuzen sich

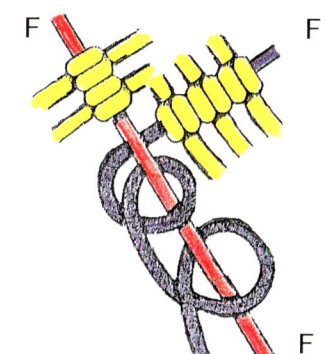

Abbildung 22: Rippenknotenreihen, in der Spitze verknüpft

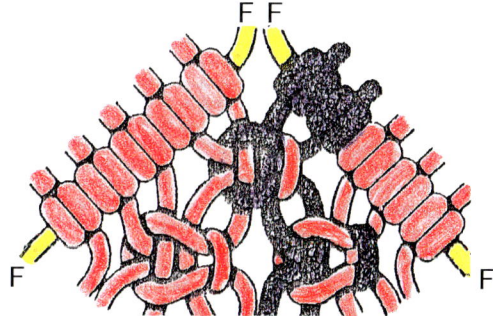

Abbildung 23: oberer Rhombus mit versetzten Flachknoten

Eine andere Variante des Rippenknotens ist die Knotenblume (Abb. 24, 24a). Nach 2 Flachknoten wird ein Quadrat aus 4 von oben rechts nach unten links verlaufenden Rippenknoten geknüpft. Danach folgen wieder 2 Flachknoten.

Eine weitere sehr dekorativ wirkende Variante ist das zackenförmige Knüpfen von Rippenknoten (Abb. 25). Bei dieser Variante beginnen die Rippenknoten ähnlich wie bei der Knotenblume (Knotenperle), nur sind die Rippen senkrecht nach unten geknüpft. Bei festen Garnen können Sie zusätzlich, wie in Abb. 25a dargestellt ist, Schlingen bilden.

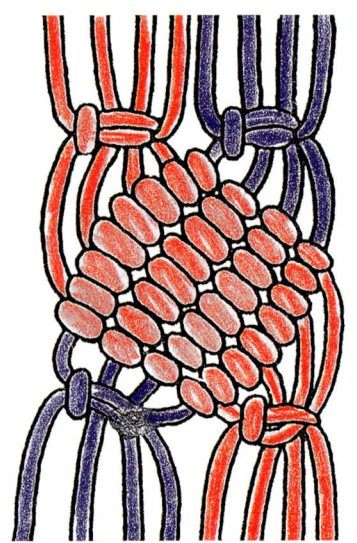

Abbildung 24: Knotenblume aus Rippenknoten und Flachknoten

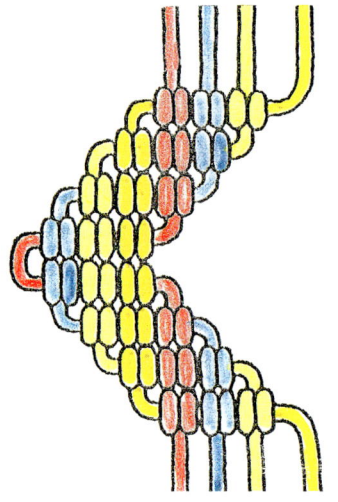

Abbildung 25: zackenförmiges Knüpfen von Rippenknoten

Wenn die Flachknoten sehr fest und eng geknüpft werden, wölbt sich dieses Quadrat.

Auf Abb. 24a ist nach der ersten Knotenblume noch eine zweite in entgegengesetzter Richtung geknüpft.

Abbildung 24a: Knotenblume in entgegengesetzter Richtung (Rückseite)

Abbildung 25a: zackenförmiges Knüpfen

Flechtknoten

Der Flechtknoten braucht mindestens 4 Fäden, die wie in Abb. 26 gezeigt geschlungen werden.

Die Außenfäden kreuzen sich zwischen den beiden Mittelfäden.

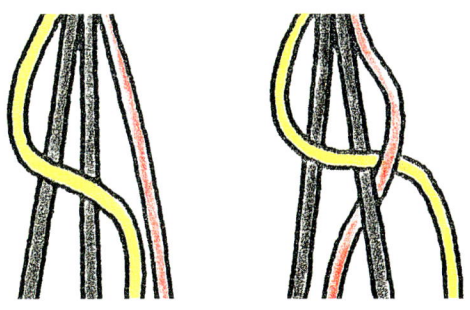

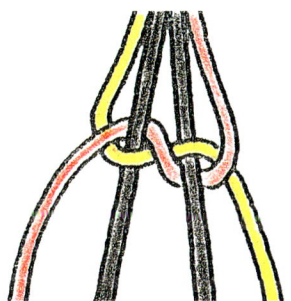

Abbildung 26: Flechtknoten

Sie können diese Schlingen so arbeiten, dass sich das Knotenband verbreitert. Durch einen nachfolgenden Flachknoten ergibt sich das Bild einer Ellipse oder auch eines Kreises. Wiederholen Sie diese Kombination rhythmisch wechselnd, ergibt sich ein reizvolles Muster für einen Gürtel. Zu beachten ist bei diesen Schlingen, dass die Außenfäden 5-mal länger sein müssen als die Innenfäden. Sie verbrauchen sich schneller.

Bei einem mittleren Garn benötigen Sie bei einer Taillenweite von 85 cm für einen Gürtel 2 Fäden à 1,60 m und 2 Fäden à 7–8 m.

Auf der Abb. 27 ist ein dreifarbig geknüpftes Muster dargestellt. Probieren Sie eigene Kombinationen aus und erschließen Sie sich neue Wege bei der Gestaltung dieser Technik!

Abbildung 27: dreifarbiges Muster aus Flechtknoten

Schlingenknoten und Rosette

Diese beiden Knoten sind abgewandelte Formen des Flachknotens. Das Knüpfgarn muss fest sein, damit die Schlingen wirken. In Abb. 28 und 29 ist der Schlingenknoten dargestellt. Er ist einfach nachzuarbeiten und kann mit einseitigen und beidseitigen Schlingen innerhalb eines Flachknotens geknüpft werden.

Die Rosette (Abb. 30) entsteht wie folgt: Nach einem Flachknoten werden die äußeren Fäden hängengelassen und die nächsten beiden zu einem 2. Flachknoten geknüpft. Danach werden auch hier die beiden äußeren Fäden hängen gelassen und mit den nächsten beiden äußeren Fäden ein 3. Flachknoten gearbeitet. Nun werden nach 3 weiteren Flachknoten mit den gleichen Außenfäden die vorher hinzugekommenen Fäden wieder hängen gelassen und die vorher hängen gelassenen (wie in Abb. 30 dargestellt) wieder eingearbeitet.

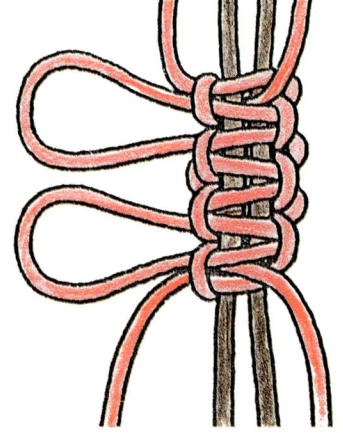

Abbildung 28: Schlingenknoten mit einseitigen Schlingen

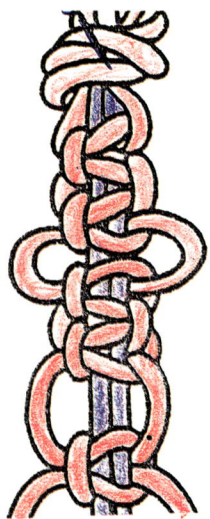

Abbildung 29:
Schlingenknoten mit beidseitigen Schlingen

Abbildung 29a:
Schlingenknoten mit beidseitigen Schlingen

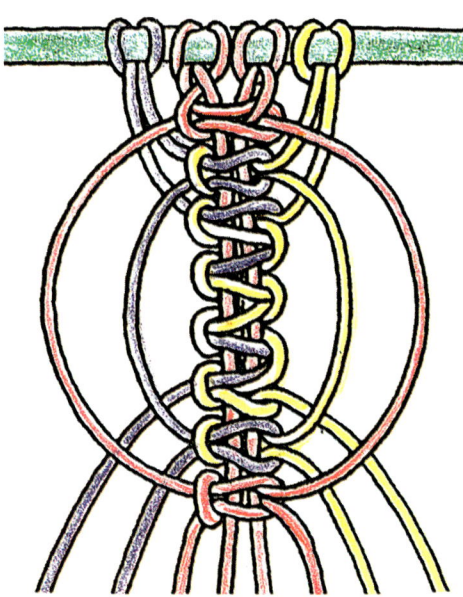

Abbildung 30: Rosette

18

Erbsknoten

Der Erbsknoten zählt zu den plastisch wirkenden Knoten und lässt sich aus einem Flachknotenband (Abb. 31 und 32) formen:

Je nachdem, wie groß die Schlinge werden soll, schlingen Sie das Knotenband nach ca. 8–15 Flachknoten von unten nach oben zu einem Ring und knüpfen einen Flachknoten um das Band.

Eine 2. Variante bietet sich besonders bei Blumenampeln an. Knüpfen Sie oberhalb des Knotenbandes einen Schlingenknoten, führen Sie das Knotenband durch diese Schlinge und schließen Sie mit einem Flachknoten ab (Abb. 32).

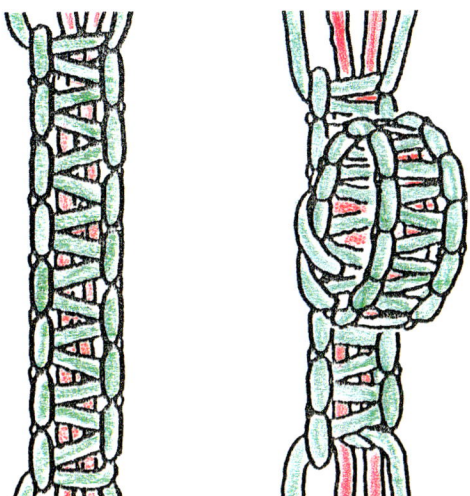

Abbildung 31: Flachknotenband mit Erbsknoten

Abbildung 31a: Flachknotenband mit Erbsknoten

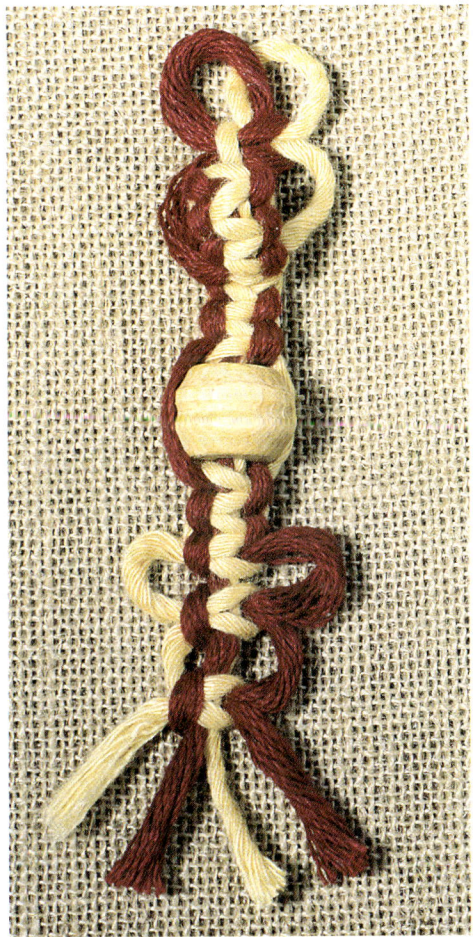

Abbildung 32: Flachknotenband mit Schlingen- und Erbsknoten

19

Ziegelknoten

Der Ziegelknoten wird mit zwei Fäden gearbeitet: Mit der linken Hand halten Sie die beiden Fäden und mit der rechten Hand schlingen Sie den rechten Faden um den linken (es geht auch umgekehrt) und durch die entstandene Schlaufe des rechten Fadens (Abb. 33).

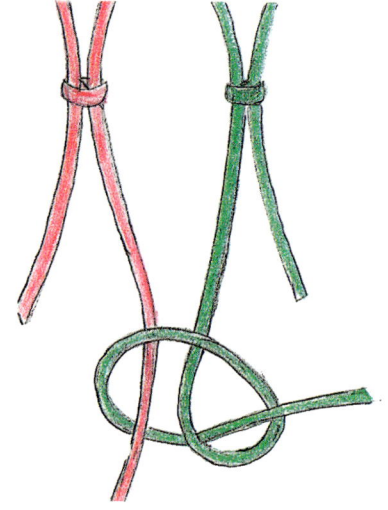

Abbildung 33: Ziegelknoten

Die straff gezogene Schlaufe muss waagerecht liegen. Auch mit den Ziegelknoten lassen sich Dreiecke, Rhomben u. a. Varianten knüpfen. In Kombination mit zwei gekreuzten Rippen (Abb. 23 und 23a) können Sie die beiden Führungsfäden (F) mit einem Ziegelknoten verbinden.

Rundgeknüpftes

Bei rundgeknüpften Arbeiten (Sonnenräder, Kissenbezüge u. a.) benötigen Sie so viele Doppelfäden für den Anfang, wie sich das Muster wiederholen soll. Bei Aufnahme von 5 oder 10 Doppelfäden wird ein Grundmuster, das auf der Basis 5 basiert, aufgebaut (z. B. ein fünfzackiger Stern).

Es gibt verschiedene Möglichkeiten des Beginnens:
❶ Die einfachste Methode ist das Aufschlingen auf einen Plastik- oder rostfreien Ring (s. Seite 10).
❷ Eine weitere Möglichkeit zeigen die Abb. 34 und 35, bei denen 4 Fäden miteinander verflochten und je 2 Fäden von insgesamt 8

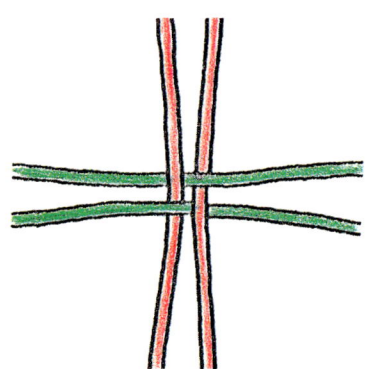

Abbildung 34

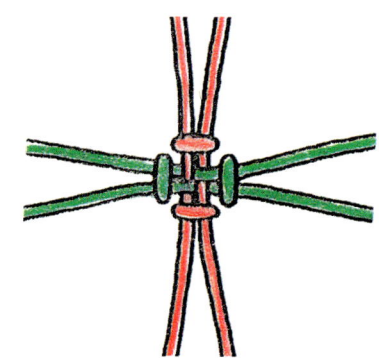

Abbildung 35

mit einem Ziegelknoten stabilisiert werden. Anschließend bilden Sie aus 2 Fäden Ringe, in die Sie weitere Doppelfäden einknüpfen. Es entsteht ein vierseitig symmetrisches Muster (Abb. 36).

Abbildung 36: Es entsteht ein vierseitig symmetrisches Muster

❸ Eine weitere Variante zeigen die Abb. 37 und 38. Hier wird mit der Mitte eines Doppelfadens eine Schlinge geformt, die mit einem Ziegelknoten geschlossen wird.

Nun können die anderen Doppelfäden aufgeschlungen und anschließend mit Flachknoten geknüpft werden. Zu beachten ist, dass mit den beiden Enden der Schlinge die Gesamtzahl der Fäden durch 4 teilbar ist.

Abbildung 38

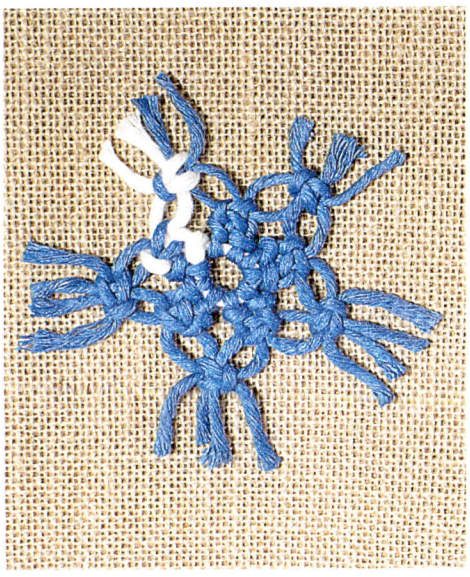

Abbildung 39: Doppelfäden aufschlungen und mit Flachknoten stabilisiert

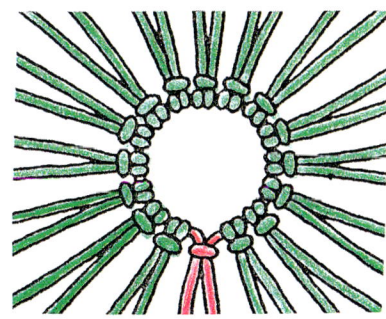

Abbildung 37

21

Bei Rundgeknüpftem müssen die Fäden nach außen hin vervielfacht werden. Auch hierfür gibt es verschiedene Varianten:

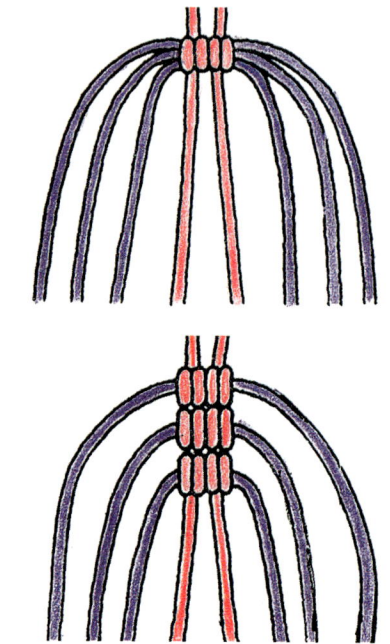

Abbildung 40a: Anknüpfen von Doppelfäden mit Rippenknoten

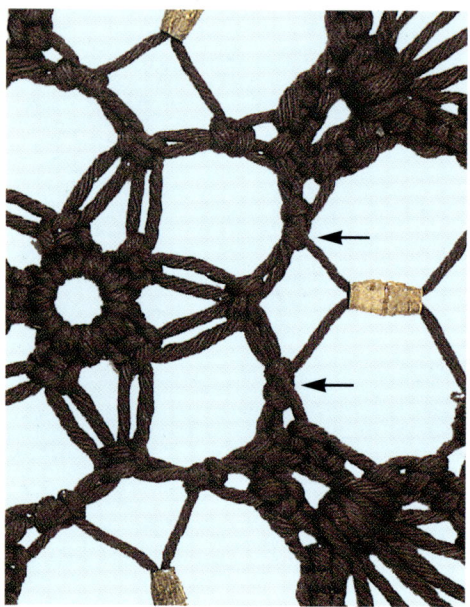

Abbildung 40: einfaches Aufschlingen von Doppelfäden

❶ einfaches Aufschlingen von Doppelfäden
❷ 2 Fäden werden mit einem Doppelfaden zu einem Flach- oder Spiralknoten umschlungen
❸ 2, 3 oder 4 Doppelfäden werden durch Rippenknoten an 2 Fäden angeknüpft (Abb. 40a). Welche Variante Sie wählen, hängt vom vorgesehenen Muster und von eigenen Vorstellungen ab.

Knüpfen Sie einen Kragen, wird entsprechend der Halsweite eine Luftmaschenkette gehäkelt und in diese werden die Doppelfäden eingearbeitet. Für diese Makramee-Arbeit verwenden Sie Seidengarn oder feinen Baumwollzwirn.

Sie können natürlich auch von der strengen Symmetrie abgehen und bei einiger Makramee-Erfahrung eigene Ideen umsetzen. Für Anfänger empfiehlt sich aber zunächst die Arbeit nach Anleitung.

Gegenstände aus Makramee

Makramee-Zopf

Schwierigkeitsgrad: leicht
Zeitbedarf: 30 bis 45 Minuten

Material
- 8 x 4,70 m Hanf, 5 mm stark
- 1 Holzring, ca. 5 cm ∅
- Naturmaterial zur Dekoration entsprechend der Jahreszeit

Anleitung

Die 8 Hanffäden werden durch den Holzring gefädelt und mit einem der Fäden unterhalb des Rings straff gebunden.
Danach werden die Fäden wie folgt aufgeteilt: 1-mal 10 und 2-mal 3 Fäden. Mit den 3 Fäden rechts und links (als Knüpffäden) werden die 10 Mittelfäden mit 16 Spiralknoten (s. Seite 11) umknüpft.

Dann werden 2 Flachknoten (Abb. 10, Seite 12) geknüpft und anschließend eine Zweiteilung der 16 Fäden vorgenommen.

Aus je 8 Fäden werden 2 Flachknotenbänder mit je 10 Flachknoten geknüpft, wobei 4 Fäden innen und je 2 Fäden (die längsten!) außen als Knüpffäden verwendet werden. Danach werden die beiden Flachknotenbänder mit 3 Flachknoten wieder zusammengeführt. Das geschieht mit je 3 Außenfäden (wieder die längsten).

Zuletzt werden mit der gleichen Teilung wie zuvor noch einmal 16 Spiralknoten geknüpft, bevor alle 16 Fäden, wie in Abb. 15 auf Seite 13 dargestellt, abgebunden werden.

Nun können Sie diesen Zopf entsprechend der Jahreszeit weihnachtlich, herbstlich oder als Osterdekoration mit Naturmaterial verschönern.

Tipp
Dieser Zopf wirkt auch sehr schön mit Sisalgarnen. Ist das Material dünner als angegeben, nehmen Sie entsprechend mehr Fäden.

Fertiger Zopf ohne Dekoration

Einstufige Blumenampel

Zeitbedarf: ca. 1 Stunde
Schwierigkeitsgrad: einfach

Material
- 12 x 4,50 m Sisal, 2 mm stark
- 4 x 1,50 m Sisal, 2 mm stark
- 4 Holzperlen, ca. 35 mm lang
- 1 Plastik- oder Holzring
- 1,50 m Sisal zum Umschlingen des Rings

Anleitung
Der Plastikring wird mit einseitigen Kettenknoten umknüpft (bei Holzringen kann dieser Schritt entfallen), bevor die 12 Sisalfäden eingehängt werden.

Mit dem Restfaden des Rings wird ein fester Schlingenknoten unterhalb des Rings gearbeitet. Die 24 gleich langen Fäden werden mit 10 Spiralknoten zu einem Knotenband geknüpft, und zwar mit je 3 Fäden als Knüpffäden rechts und links.

Nach den Spiralknoten wird eine Vierteilung der 24 Fäden vorgenommen und es werden 4 Knotenbänder nach folgender Knotenfolge und Einteilung geknüpft:
2 Fäden links, ... 2 Mittelfäden, ... 2 Fäden rechts.
Achtung: Nehmen Sie als Mittelfäden immer die kürzeren Fäden!

Arbeiten Sie wie folgt:
- 21 Spiralknoten
- 2 Flachknoten
- 1 Schlingenknoten (2,5 cm)
- 1 Holzperle auf die beiden Mittelfäden fädeln
- 1 Schlingenknoten um die Holzperle
- 1 Schlingenknoten (2,5 cm)

- 7 Flachknoten
- 1 Schlingenknoten
- 1 Erbsknoten (Abb. 32, S. 19) mit 8 Flachknoten (kürzere Fäden in die Mitte!)

Das Erbsknotenband wird bei dieser Ampel durch den Schlingenknoten gefädelt. Legen Sie nun einen 1,50 m langen Faden um den Erbsknoten (oder in die Schlinge) und stabilisieren Sie ihn mit 1 Flachknoten. Danach erfolgt eine Zweiteilung mit je 4 Fäden:
1 Faden links, ... 2 Mittelfäden, ... 1 Faden rechts (... 1...2...1..) und es werden je 3 Flachknoten geknüpft.
Nachdem alle 4 Knotenbänder nach dieser Anleitung gearbeitet sind, wird nun das Körbchen gearbeitet.

Zuvor sollten Sie aber beachten, dass Naturmaterial nicht immer gleichmäßig in der Stärke ist. Möglicherweise sind die Knotenbänder deshalb nicht gleich lang und müssen durch zusätzliche Knoten auf gleiche Länge geknüpft werden.

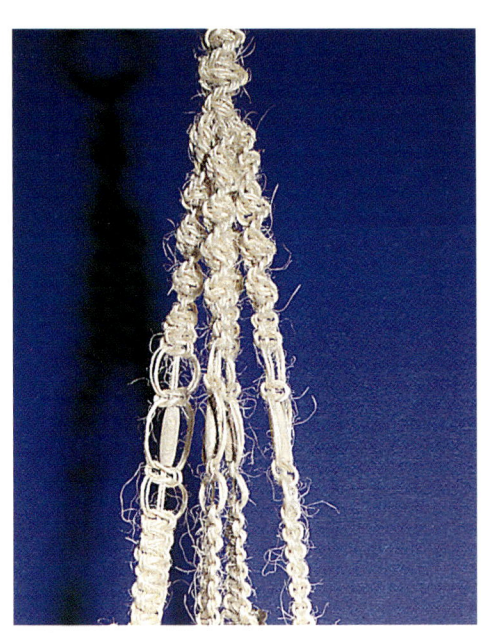

Das Körbchen, das sich besonders für Sisal eignet, wird wie folgt gearbeitet:

Die einzelnen Knotenbänder (es sind jetzt 8) werden in Zweiergruppen geteilt und durch langgezogene Schlingen und einen $1\frac{1}{2}$-Flachknoten mit jeweils der daneben liegenden Gruppe verbunden (...1...2...1..). Insgesamt knüpfen Sie 8 $1\frac{1}{2}$-Flachknoten und alle Knotenbänder sind miteinander verbunden.

Dieser Arbeitsschritt wird noch 5 Runden wiederholt.

Zum Schluss werden immer 8 Fäden, das sind 2 Fäden des linken Knotens mit den 4 Fäden des nächsten Knotens und 2 Fäden des rechten Knotens, mit 2 Flachknoten verbunden.

Die nun entstandenen 4 Knotenbänder werden nach Abb. 15 auf Seite 13 abgebunden.

Auf diesen Bildern sehen Sie Variationen der einstufigen Blumenampel, die Sie mit etwas Übung leicht nacharbeiten können.

Zweistufige Blumenampel

Zeitbedarf: ca. 2 Stunden
Schwierigkeitsgrad: einfach

Material
- 4,70 m Acrylgarn, 3 mm stark
- 8 x 1,50 m Acrylgarn, 3 mm stark
- 1 Plastik- oder Holzring, ca. 5 cm ⌀
- 4 Holzperlen, ca. 4 cm ⌀
- 1,70 m Acrylgarn zum Umschlingen des Plastikrings

Anleitung
Nach dem Umschlingen des Plastikrings mit einseitigen Kettenknoten werden 12 Fäden in den Ring eingehängt und mit dem Fadenrest vom Umschlingen 1 fester Knoten gearbeitet. Nun werden 12 Spiralknoten mit folgender Aufteilung geknüpft: ...3...18...3..

Die 24 Fäden werden anschließend in 4-mal 6 Fäden geteilt und für die folgenden 4 Knotenbänder vorbereitet: Jedes Knotenband wird in der Aufteilung „..2...2...2.. geknüpft und dabei werden die kürzeren Fäden als Mittelfäden genutzt.

Alle 4 Knotenbänder werden bis zum Ansetzen des Blumenkorbs nach folgender Knotenfolge geknüpft:
- 20 Spiralknoten
- 3 Flachknoten
- 2 Schlingenknoten (Abb. 29, Seite 18)
- 4 Flachknoten
- 10 Spiralknoten
- 3 Flachknoten
- 1 Schlingenknoten zur Vorbereitung auf den Erbsknoten
- Erbsknoten (Abb. 32) mit 8 Flachknoten

Legen Sie nun einen 1,50 m langen Faden in die Schlinge ein und knüpfen Sie 2 Flach-

knoten mit der Aufteilung ...2...4...2.. Dieser Arbeitsschritt wird mit den übrigen 3 Knotenbändern wiederholt.

Danach erfolgt das Knüpfen des Blumenkorbs. Er ist so gestaltet, dass Sie sowohl einen Übertopf als auch eine Blumenschale einhängen können.
Es werden 4 Fäden des 1. Knotenbandes mit 4 Fäden des nächsten mit einer 8 cm langen Schlinge und 1 Flachknoten mit der Aufteilung ...2...4...2.. verbunden. Dieser Arbeitsschritt wiederholt sich, bis alle 4 Knotenbänder miteinander verbunden sind. Danach wird jeder Flachknoten 2-mal in ...1...2...1.. geteilt. Knüpfen Sie 5 Flachknoten, sodass 8 Flach-

knotenbänder entstehen. Anschließend werden je 2 nebeneinander liegende Knotenbänder mit 3 Flachknoten und der Aufteilung ...1...6...1.. verbunden. Zum Schluss werden alle 4 Knotenbänder nach Abb. 15 auf Seite 13 abgebunden. Soll die Quaste dicker werden, können Sie von den überhängenden Fäden einige abschneiden und einlegen, bevor Sie abbinden.

Betrachten Sie das Körbchen von unten, muss sich ein vierzackiger Stern gebildet haben.
Die Restfäden werden entsprechend der gewünschten Länge abgeschnitten. Soll es eine einstufige Ampel werden, lassen Sie die Quaste etwas länger (ca. 20 cm), ansonsten

schneiden Sie die Fäden auf ca. 7 cm. Die erste Stufe der Ampel ist nun fertig.

Für die 2. Stufe der Ampel werden jetzt die nächsten 12 Fäden (4-mal 3 Fäden) über den Erbsknoten der 1. Stufe eingehängt und mit einem festen Flachknoten stabilisiert. Nun werden alle vier Knotenbänder nach folgendem Schema und der Einteilung ...2...2...2.. gearbeitet:

- 20 Spiralknoten
- 4 Flachknoten
- 1 Schlingenknoten
- 1 Holzperle über die beiden Mittelfäden einfädeln
- 1 Schlingenknoten um die Holzperle
- 1 Schlingenknoten
- 4 Flachknoten
- 10 Spiralknoten
- 3 Flachknoten
- 1 Schlinge für den Erbsknoten
- 1 Erbsknoten

Ab jetzt arbeiten Sie weiter wie bei der ersten Stufe beschrieben.

Der einzige Unterschied ist, dass die Länge der Quaste ca. 20 cm beträgt und vor dem Abbinden noch zusätzlich Fäden eingelegt werden können (dazu nehmen Sie die längsten überhängenden Fäden).

Natürlich können Sie auch andere Knoten und Varianten ausprobieren.

Gürtel

Zeitbedarf: ca. 1¹/₂ Stunden
Schwierigkeitsgrad: einfach

Material für einen 105 cm langen Gürtel
- 2 x 7 m Acrylgarn, 3 mm stark
- 2 x 2 m Acrylgarn
- 1 Gürtel-Schnalle

Anleitung
Die Fäden werden halbiert als Schlinge über zwei Klöppel- oder Stopfnadeln auf einem Knüpfkissen oder auf einer Decke befestigt und mit einem Flachknoten (...1...6...1..) überknüpft. Dabei müssen die kürzeren Fäden

als Mittelfäden genommen werden. In der 2. Reihe werden 2 Flachknoten (...1...2...1..) und in der 3. Reihe 1 FK (...1...6...1..) gearbeitet.

Ab der 4. Reihe beginnen die Flechtknoten, die in den Abb. 26 und 27 auf Seite 17 ausführlich beschrieben sind. Es werden 4 Schlingknoten mit der Aufteilung ...2...2...2...2.. geknüpft, bevor der Flachknoten der 3. Reihe wiederholt wird.
Der Arbeitsschritt ab Reihe 4 wiederholt sich 17-mal.

Danach werden die 8 Fäden an der Gürtelschnalle mit Rippenknoten befestigt, die Restfäden abgeschnitten und vernäht.

Hier sehen Sie zwei Variationen, die Sie leicht nacharbeiten können.

Der rote Gürtel wird mit 3 x 7 m Kordel-schnur und versetzten Flachknoten gearbei-tet. Die Aufteilung für die Außenknoten ist ...1...1...1.., während die Mittelknoten mit der Aufteilung ...1...2...1.. geknüpft werden.

Der braune Gürtel wird mit 3 mm starkem Acrylgarn in der gleichen Weise wie der rote Gürtel gearbeitet.

Auch bei dieser Arbeit können Sie Ihrer Phan-tasie freien Lauf lassen, z. B. können Sie Rip-penknoten mit Rhomben und Brezelknoten einarbeiten.

Taschen

Zeitbedarf: 4 bis 5 Stunden
Schwierigkeitsgrad: einfach

Material

- Acrylgarn, 3 mm stark:
  2 x 6 m
  2 x 1 m für den Henkel
  60 x 4,80 m für die Tasche
  4 x 4 m und 4 x 3,80 m zum Einhängen

Anleitung

Henkel

Ein 1 m langer Faden wird in der Hälfte über eine Klöppelnadel, starke Stopfnadel oder einem Haken gehängt. Um diesen Faden wird

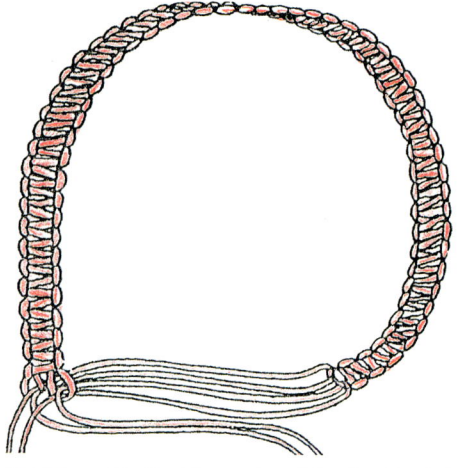

Abbildung 41: Flachknotenband für den Henkel

der 6 m lange Faden gelegt und ein Flachknotenband in einer Länge von ca. 70 cm geknüpft. Nach Abb. 41 wird dieses FK-Band zu einem Ring geschlossen und die Verbindungsstelle dicht überknüpft.

Den 2. Henkel arbeiten Sie genauso. In diese Henkel werden dann die Knüpffäden eingehängt.

Tasche

In jeden FK-Ring werden 30 Fäden nach Abb. 4 auf Seite 10 fest eingehängt. Nun werden folgende Reihen und später Runden geknüpft:

1. Reihe: 15 Spiralknotenbänder, außen beginnend mit 13 Spiralknoten, 12, 11, 10, 9, 5 x 8, 9, 10, 11, 12 und 13 Spiralknoten Dadurch bildet sich eine leichte Rundung.
2. Reihe: In die äußeren Knotenbänder werden zwei 4 m lange Fäden eingehängt und 16 FK-Bänder mit je 3 FK geknüpft.
3. Reihe: Zwei 3,80 m lange Fäden werden in die äußeren Knotenbänder eingehängt und es werden 17 FK-Bänder mit je 3 FK geknüpft.

Nun wird die 2. Hälfte der Tasche bis zur 3. Reihe gearbeitet.
4. Runde: Beide Taschenhälften werden mit einer FK-Reihe verbunden.
5.–6. Runde: versetzte FK
7. Runde: Beginnen Sie in der Mitte des Vorderteils. Über 2 Fäden von 2 FK wird eine Holzperle gefädelt.
Links und rechts der Perle wird 1 FK mit je 1 Außenfaden und 3 Innenfäden (...1...3...1...) geknüpft, alle anderen FK mit der „normalen" Aufteilung ...1...2...1..
8. Runde: Knüpfen Sie Knotenbänder mit 6 Spiral- und 3 FK abwechselnd. Links und rechts der Perle arbeiten Sie 2 Spiralknotenbänder nebeneinander mit der Aufteilung ...1...1...1.., sonst ...1...2...1..
9. Runde: FK
10. Runde: Unterhalb der Perle werden 2 FK-Bänder mit 3 FK (...1...2...1..) geknüpft, links und rechts dieser Bänder 2 Spiralknotenbänder mit je 6 Knoten und der Aufteilung ...1...3...1.., 2 Holzperlen werden aufgefädelt und nochmals je 1 Spiralknotenband mit 6 Knoten und der gleichen Aufteilung gear-

beitet. Anschließend werden wieder abwechselnd Spiral- und FK-Bänder wie in der 8. Runde geknüpft.

11.–33. Runde: versetzte FK

34. Runde: Es werden immer 8 Fäden (4 Fäden der Vorder- und 4 Fäden der Rückseite) mit einem Netzknoten nach Abb. 14 auf Seite 13 abgebunden.

Es ist wichtig, die einzelnen Fäden nach dem Knoten noch einmal festzuziehen, bevor die Restfäden bei einer Länge von 6 bis 7 cm abgeschnitten werden.

Hier sehen Sie zwei Varianten der Tasche. Besondere Akzente können Sie setzen, indem Sie mit zwei verschiedenfarbigen Garnen arbeiten.

Kalenderbänder

**Zeitbedarf: ca. 2 bis 3 Stunden
Schwierigkeitsgrad: mittel**

Material
- 10 x 4,80 m Acrylgarn, 4 mm stark
- 12 cm Bambusrohr, 12 mm ∅, mit 2 Abschlusskugeln
- 1 Holzperle, ca. 20 mm lang

Anleitung
Die 10 Fäden werden entsprechend Abb. 5 auf Seite 10 über das Bambusrohr geknüpft. Dazu ist es notwendig, den Bambus zu fixieren, d.h. mit Klöppel- oder Stopfnadeln am Knüpfkissen oder einer Decke (die Sie über eine Sessel- oder Stuhllehne legen) zu befestigen.

Die 1. Reihe ist durch das Aufknüpfen schon mit Flachknoten gearbeitet. Nun folgen weitere 3 Reihen Flachknoten in der Aufteilung ...1...2...1..

In der nächsten Reihe werden 5 Knotenbänder mit abwechselnd 3 Flachknoten und 6 Spiralknoten geknüpft (beachten: Flachknoten bestehen aus 2 Knoten, einem rechten und einem linken Spiralknoten!).

Danach schließen sich wieder Flachknotenreihen an, die zu einer Spitze auslaufen:
1. Reihe 4 Flachknoten,
2. Reihe 5 Flachknoten,
3. Reihe 4 Flachknoten,
4. Reihe 3 Flachknoten,
5. Reihe 2 Flachknoten,
6. Reihe 1 Flachknoten.

Nun werden 2 Rippenknotenreihen von rechts oben nach links unten zur Spitze sowie von links oben nach rechts unten zur Spitze entsprechend den Abb. 17 und 18 auf den Seiten 14 und 15 geknüpft. Die Spitzen werden entsprechend der Abb. 22 auf Seite 15 verbunden und auf die 2 Führungsfäden der letzten Rippenknotenreihe wird eine Holzperle aufgefädelt.

Es schließen sich nun 4 Knotenbänder an. Die beiden äußeren Knotenbänder mit der Aufteilung ...1...2...1.. werden mit 4 Schlingenknoten geknüpft.

Die beiden inneren Knotenbänder mit der Aufteilung ...1...3...1.. werden mit 5 Flachknoten gearbeitet. Anschließend wird eine Flachknotenspitze wie folgt geknüpft:
1. Reihe 4 Flachknoten,
2. Reihe 3 Flachknoten,
3. Reihe 2 Flachknoten,
4. Reihe 1 Flachknoten.

Mit den beiden äußeren Fäden links und rechts werden 2 Kettenknoten (Abb. 12, Seite 13) gearbeitet und mit den restlichen Fäden werden die beiden Rippenknotenreihen wie bereits oben beschrieben geknüpft.
Rechts und links der Rippen werden von oben nach unten mit der Aufteilung ...1...2...1.. (mit einem Knoten in der 1. Reihe beginnend) 10 Flachknotenreihen geknüpft.
Als kleine Auflockerung in diesem Flachknotenbereich werden in der 11. Reihe die beiden äußeren Fäden stark gedreht und in den nächsten Flachkno-

März
30
Sonntag

ten eingearbeitet (drehen Sie die linke Seite nach rechts und die rechte Seite nach links, die Schlaufenform entsteht von selbst.). Nun knüpfen Sie wie folgt Flachknoten (FK):

12. Reihe 5 FK,
13. Reihe 4 FK,
14. Reihe 2 FK linksseitig, 4 Fäden für Rippenknoten hängen lassen und 2 FK rechts,
15. Reihe 1 FK links und 2 FK rechts,
16. Reihe wie 15. Reihe.

Nun wird aus den Mittelfäden der 14. Reihe eine Rippenknotenreihe von rechts oben nach links unten (auf der linken Seite) und eine Rippenknotenreihe von links oben nach rechts unten (auf der rechten Seite) geknüpft. In der 17. Reihe wird links und rechts außen 1 Flachknoten geknüpft und aus den 12 Mittelfäden wird ein Brezelknoten (Abb. 16, Seite 14) geformt. Es folgen 2 Rippenknotenreihen, die zu einer Spitze nach unten geknüpft werden.

In der auslaufenden Spitze wird 1 Flachknoten mit der Aufteilung ...1...2...1.. gearbeitet.

Links und rechts wird 1 Flachknotenband mit 10 FK und zwischen der Spitze und den Außenbändern 1 Flachknotenband mit 4 FK geknüpft. Nun werden die mittleren Knotenbänder mit dem FK der Spitze zusammengeknüpft und danach die Außenbänder mit einbezogen. Den Abschluss bildet das Abbinden nach Abb. 15 auf Seite 13. Die Restfäden werden bis auf 20 cm abgeschnitten.

Hier sehen Sie ein Variation des eben erläuterten Kalenderbandes. Wenn Sie das oben beschriebene Kalenderband angefertigt haben, sind Sie auch in der Lage diese und andere Varianten auszuprobieren.

Schmuckanhänger

Zeitbedarf: ca. 2 bis 3 Stunden
Schwierigkeitsgrad: mittel

Material
- 12 x 2,20 m Kunstseidengarn
- 1 Glasperle, 10 mm ⌀

Anleitung

Die 12 Fäden werden in ein gehäkeltes Luftmaschenband (ca. 60 cm lang) nach Abb. 4 auf Seite 10 eingehängt und auf einem Knüpfkissen oder einer Decke befestigt.

Sie können die Fäden auch mit einem Flachknoten einhängen wie in Abb. 5 auf Seite 10. Das hat den Vorteil, dass Sie den Anhänger auch mal an eine andere Kette anbringen können.

Die 1. Reihe beginnt mit einer waagerechten Rippenknotenreihe (Abb. 20, Seite 15). Es folgen versetzte Flachknoten (FK), die zu einer Spitze gearbeitet werden:

Auf dieser Abbildung sehen Sie weitere Varianten aus verschiedenem Material. Natürlich können Sie auch Ihre eigenen Ideen umsetzen.

2. Reihe 6 FK,
3. Reihe 5 FK,
4. Reihe 4 FK usw., bis nur noch 1 FK geknüpft wird.

Nun werden 3 Rippenknotenreihen von rechts oben nach links unten (Abb. 18, Seite 15) und von links oben nach rechts unten (Abb. 17, Seite 14) zur Spitze gearbeitet.

Über die 2 Führungsfäden (F) der 1. Rippenknotenreihe wird eine Glasperle gefädelt. Nach den Rippenknotenreihen werden links und rechts Flachknotenbänder mit 8 FK und der Einteilung ...1...2...1.. geknüpft.

Zwischen der Perle und den Flachknotenbändern wird mit den restlichen Fäden je 1 FK gearbeitet. Die Aufteilung ist hier: ...1...6...1..

In der nächsten Reihe werden mit je 2 Innenfäden des Außenbandes beginnend 8 FK geknüpft. Die FK-Reihe wird mit der Aufteilung ...1...2...1.. gearbeitet.

Nun werden außen wieder 2 Flachknotenbänder mit je 4 Fäden, wie oben beschrieben, mit je 7 FK geknüpft und dann mit den inneren Fäden wie folgt weitergearbeitet: Es werden versetzte FK zu einer Spitze nach unten verlaufend geknüpft, bis nur noch 1 FK übrig bleibt. Diese Spitze wird mit einer rechten und einer linken Rippenknotenreihe vollendet, aber diesmal wird die Spitze der Rippenknoten nach Abb. 22 auf Seite 15 gearbeitet, damit kein Loch entsteht. Die Spitze wird mit 1 FK (...1...2...1..) abgeschlossen. Unterhalb der Rippenknotenreihe werden links und rechts 2 FK geknüpft. Danach werden die äußeren Flachknotenbänder mit einbezogen und es werden zusammen 6 FK geknüpft. Diese werden dann mit dem FK unter der Spitze durch Abbinden (Abb. 15, Seite 13) zu einer Quaste verbunden und die Restfäden bei einer Quastenlänge von 3 cm abgeschnitten.

Wandbehänge

Zeitbedarf: 5 bis 6 Stunden
Schwierigkeitsgrad: mittel

Material

- 30 x 5 m Acrylgarn, 3 mm stark
- 1 Bambusrohr, 50 cm lang, 20 mm ∅
- 3 Holzperlen, 15 mm ∅

Anleitung

Die 30 Fäden werden entsprechend Abb. 5 auf Seite 10 über den Bambusstab geknüpft. Es ist wichtig, diese Variante des Einhängens zu wählen, damit der Wandbehang zum Waschen problemlos abgenommen und wieder aufgehängt werden kann. Die 1. Reihe ist nun schon durch das Auffädeln mit Flachknoten (FK) belegt. Die 2. bis 4. Reihe werden ebenfalls mit der Aufteilung ...1...2...1.. als FK geknüpft.

In der 5. Reihe werden abwechselnd Flach- und Spiralknotenbänder gearbeitet, und zwar beginnend mit 3 FK, 6 Spiralknoten, 3 FK, 6 Spiralknoten usw., bis die Reihe (15 Knotenbänder) fertig ist.

Die 6. Reihe besteht aus 1 FK-Reihe, mit Hilfe deren die Knotenbänder miteinander verbunden werden.

Die 7. und 8. Reihe werden wie die 5. und 6. Reihe geknüpft. Allerdings beginnen Sie in der 7. Reihe mit 6 Spiralknoten. Nach der 9. Reihe, die noch einmal 1 FK-Reihe ist, wird eine Dreiteilung mit je 5 FK vorgenommen (am besten bündeln).

Die nächsten Reihen werden nach folgendem Muster gearbeitet:

FK = Flachknoten
// = 2 Rippenknotenreihen von rechts oben nach links unten (Abb. 18, Seite 15)

\\ = 2 Rippenknotenreihen von links oben nach rechts unten (Abb. 17, Seite 14)

```
FK  FK  FK  FK  FK //\\ FK  FK  FK  FK  FK //\\ FK  FK  FK  FK  FK
   FK  FK  FK  FK //       \\ FK  FK  FK  FK //       \\ FK  FK  FK  FK
FK  FK  FK  FK //          \\ FK  FK  FK //             \\ FK  FK  FK  FK
   FK  FK  FK //              \\ FK  FK //                \\ FK  FK  FK
FK   FK  FK //B                  B\\ FK // B               B \\ FK  FK  FK
   FK   FK //A                   A\\/A                     A\\ FK  FK
FK  FK //C                                                C\\ FK  FK
   FK //D                                                 D\\ FK
FK //E                                                    E\\ FK
   //                                                        \\
```

Abbildung 42: Knüpfschema Wandbehand

Nun werden entlang der Rippenknotenreihe FK (immer von oben beginnend) geknüpft, bevor die beiden großen Flachknoten gearbeitet werden.

Die Fäden an den Punkten A bleiben erst einmal unberücksichtigt. Mit den beiden Fäden an den Punkten B (als Knüpffäden) wird 1 großer FK mit der Aufteilung ...2...12...2.. gearbeitet.

Jetzt wird im gleichen Abstand die untere Hälfte mit Flachknoten geknüpft. Begonnen wird an den Punkten A.

Es entsteht wieder eine Spitze nach oben und hier wird mit der gleichen Aufteilung wie oben 1 großer Flachknoten geknüpft.

Die Fäden an den Punkten C bilden die Führungsfäden der nach unten gehenden Rippenknotenreihe an beiden Seiten.

Auf die Spitze der Rippenknotenreihe wird nun eine Holzperle aufgefädelt.

Mit den Fäden an den Punkten D beginnend werden Flachknoten von oben nach unten bis zur Holzperle (linke und rechte Seite) geknüpft.

Unterhalb dieser Flachknotenreihe werden wieder (links und rechts) 2 Rippenknotenreihen bis zur Holzperle gearbeitet.

Die 20 Mittelfäden und die 20 rechten Fäden bleiben vorerst unberücksichtigt (am besten bündeln).

Jetzt wird auf der linken Seite des Wandbehangs weitergearbeitet: Von oben beginnend werden jetzt links 9 FK, anschließend (auch von oben nach unten) 4 FK, dann 3 FK, 2 FK und 1 FK geknüpft und wieder ist eine Spitze nach oben entstanden.

4 Fäden bleiben außen liegen. Mit 2 Fäden rechts und links wird über 8 Mittelfäden (4 links und 4 rechts) ein Brezelknoten (Abb. 16, Seite 14) geformt. Danach werden mit 2 der liegen gelassenen 4 Außenfäden nach beiden Seiten FK (von oben nach unten) zu einer Spitze gearbeitet, die mit einer Rippenknotenreihe abgeschlossen werden.

Rechts und links dieser Spitze werden 2 FK geknüpft und 2 Fäden dieses Knotens als Führungsfäden für Rippenknotenreihen benutzt, in deren Spitze eine weitere Holzperle eingearbeitet wird.

Danach werden entlang dieser Rippen von oben beginnend FK bis zur Holzperle geknüpft und anschließend mit 2 Rippenknotenreihen abgeschlossen. Dieser Arbeitsschritt wird nun auch auf der rechten Seite durchgeführt. Sind beide Seiten geknüpft, wird mit den 20 Mittelfäden weitergearbeitet. Unterhalb der Spitze werden mit der Aufteilung ...2...4...2.. 2 FK geknüpft. Links und rechts von diesen FK werden FK-Bänder mit 5 FK und der Aufteilung ...1...4...1.. gearbeitet. Nun werden alle drei Knotenbänder mit 1 FK zusammengeführt und anschließend werden

mit der Aufteilung ...1...2...1.. aus diesem Fadenbündel (außen) 2 FK-Bänder mit 4 FK geknüpft. Diese werden mit dem linken Rhombenband mit 1 FK (...1...2...1..) verbunden. Das wird auch mit dem rechten Rhombenband durchgeführt, bevor die FK mit den Mittelfäden nach unten zu einer Spitze weitergeführt werden.

Diesen FK schließen sich 2 Rippenknotenreihen an, die an den Rippenknoten des linken und rechten Rhombenbandes beginnen und von oben nach unten zur Spitze verlaufen.

Nun folgen an dieser Rippenknotenreihe entlang (von oben nach unten) beidseitig FK bis zur Spitze.

Diesen FK schließen sich 4 Rippenknotenreihen an, die wiederum an beiden Rhombenbändern beginnen und von oben nach unten zur Spitze verlaufen.

Entlang der gesamten Rippenknotenreihen werden beidseitig von oben nach unten FK bis zur Spitze geknüpft.

Nun werden links und rechts je 16 Fäden hängen gelassen (am besten wieder bündeln) und es wird mit den 28 Mittelfäden der Abschluss geknüpft:

In der Spitze werden 2 FK mit der Aufteilung ...2...4...2.. geknüpft, links und rechts neben diesem Band werden mit der Aufteilung ...1...3...1.. 6 FK und neben diesen Bändern in der gleichen Aufteilung 13 FK geknüpft.

Die mittleren 3 Knotenbänder werden mit 1 Flachknoten fest zusammengeknüpft und danach die 2 übrigen Bänder mit 1 FK verbunden, bevor nach Abb. 15 auf Seite 13 alle 28 Fäden abgebunden werden. Die Quaste wird bei ca. 25 cm abgeschnitten.

Nun werden die Außenfäden beider Seiten wie folgt weitergeknüpft: Es werden entlang den FK noch 4 weitere FK-Reihen von oben nach unten und von außen nach innen angeschlossen: erst 7, dann 5, 3 und zuletzt 1 FK. Danach werden 3 FK-Bänder in der folgenden Aufteilung geknüpft: Außenbänder: ...1...4...1.. mit 6 FK, Innenband: ...1...2...1.. mit 3 FK. Zum Schluss werden alle 3 Knotenbänder mit 1 FK fixiert, anschließend nach Abb. 15 auf Seite 13 abge-

bunden und die Quaste bei ca. 18 cm abgeschnitten.

Hier sehen Sie noch weitere Knüpfvarianten von Wandbehängen. Wenn Sie den eben beschriebenen Wandbehang geknüpft haben, sind Sie auch in der Lage, diese Varianten nachzuknüpfen.

Sonnenräder

Zeitbedarf: ca. 3 Stunden
Schwierigkeitsgrad: mittel

Material

- Acrylgarn, 3 mm stark:
  10 x 2,50 m
  10 x 1,80 m
  15 x 1,00 m
  10 x 0,50 m
- 5 Holzkugeln, 20 mm lang
- 1 Plastikring, 10 mm ⌀
- 1 Metallring (rostfrei oder mit Farbe konserviert), 32 cm ⌀

Anleitung

Das Knüpfschema von einem Segment des Rings ist in Abb. 43 auf Seite 48 dargestellt. Auf den Plastikring werden 10 Fäden à 2,50 m nach Abb. 4 auf Seite 10 eingehängt und in der 1. Reihe mit 5 Flachknoten (FK) mit der Aufteilung ...1...2...1.. geknüpft. Die Arbeit wird nun auf dem Knüpfkissen oder einer Decke (flachliegend) befestigt und gleichmäßig rund gearbeitet.

In der 2. Runde werden fünf 3 cm lange Schlingen mit 1 FK geknüpft und in der 3. Runde benachbarte FK mit 4 cm langen Schlingen zu einem FK verbunden.

Links und rechts dieser FK wird in der 4. Runde je ein Doppelfaden (1,80 m) eingehängt, wobei je ein Faden vom benachbarten FK für die Holzperle (HP) verwendet wird (diese beiden Fäden werden in der 7. Runde wieder eingearbeitet). Am FK mit den zwei eingelegten Fäden werden in der 5. Runde 2 FK-Bänder mit je 1 ½ FK geknüpft, die in der 6. Runde wieder zu 1 FK zusammengeführt werden. In diesen Knoten werden 3 Doppelfäden (à 1 m) eingehängt und der FK wird wieder zweigeteilt.

In der 7. Runde werden 2 FK-Bänder mit je 2 FK geknüpft. Zwei Fäden des FK-Bandes werden mit einem Faden des Holzperlen-Fadens zu 1 FK geknüpft und zwei Doppelfäden (à 0,50 m) in diesen FK eingehängt, die bis zur 12. Runde hängen bleiben.

In der 8. Runde geht es an den beiden FK-Bändern weiter. Hier werden in der 8., 9. und 10. Runde FK schräg nach unten gearbeitet und die eingelegten Fäden mit eingeknüpft.

In der 11. Runde werden die FK-Bänder mit 1 FK verbunden.

Wenn alle fünf Segmente fertig sind, werden zum Abschluss in der 12. Runde alle Fäden mit Rippenknoten an dem Metallring befestigt. Am besten ist es, wenn dazu der Ring auf die Knüpfarbeit gelegt und die gegenüberliegenden Segmente nacheinander eingeknüpft werden.

Zum Schluss werden freie Stellen mit kurzen Fäden aufgefüllt und alle Fäden auf eine Länge von ca. 2–3 cm geschnitten.

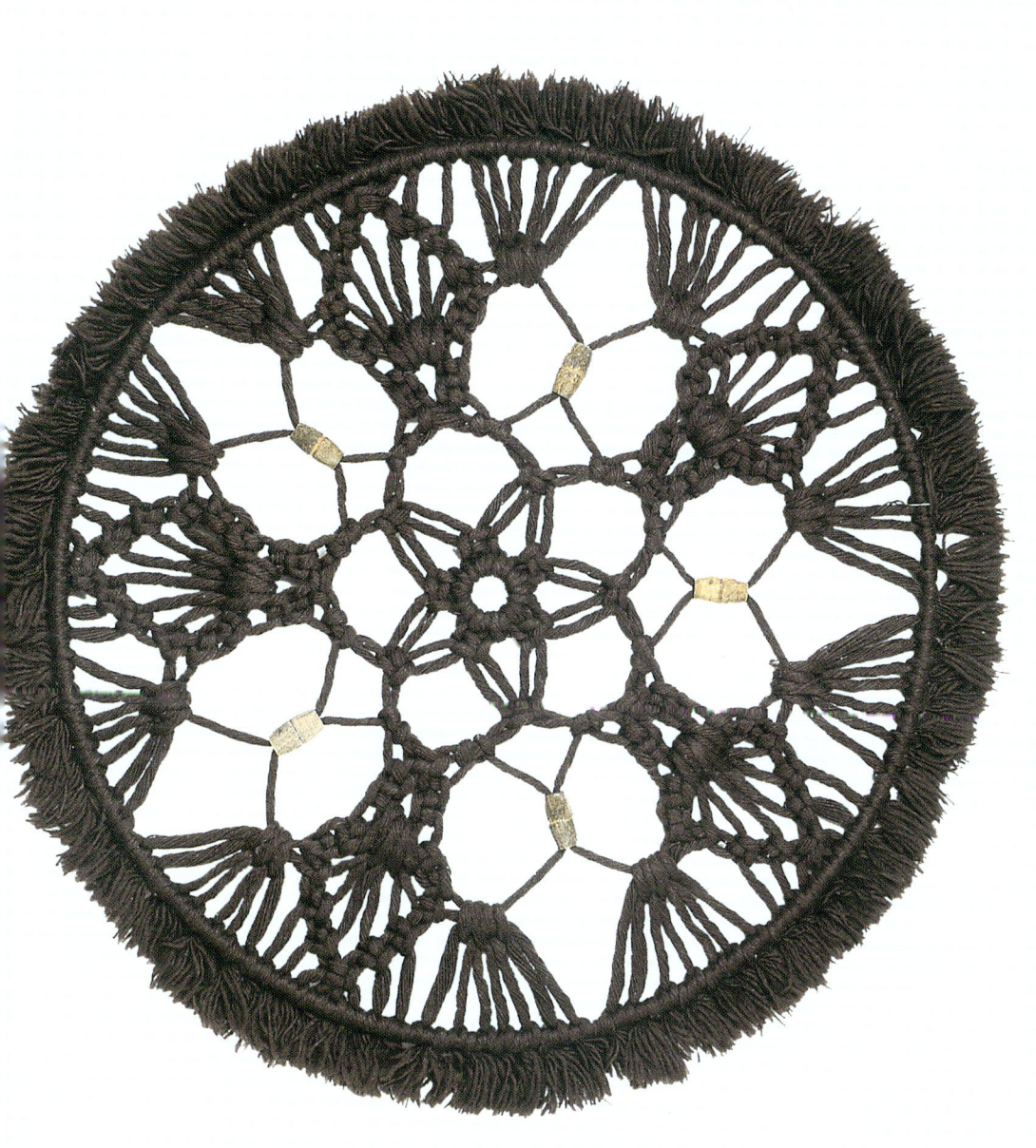

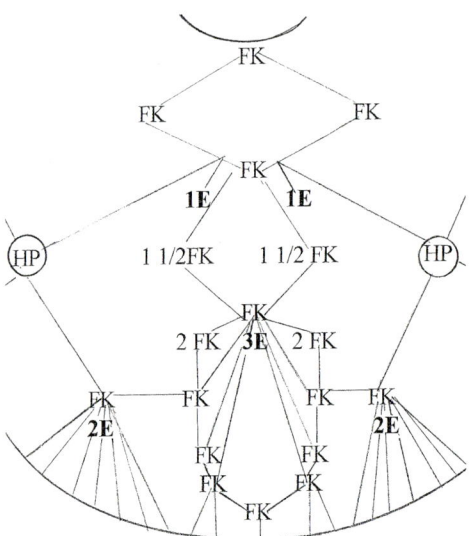

Abbildung 43: Knüpfschema Sonnenrad

Hier sehen Sie eine Variante des Sonnenrads.

1. Runde: FK am Innenring (...1...2...1..)

2. Runde: Lange Schlingenknoten mit FK abschließen (...1...2...1..)

3. Runde: Lange Schlingenknoten mit FK abschließen (...1...2...1..)

4. Runde: 1 Faden (1,80 m) einhängen

5. Runde: FK-Aufteilung ...1...1...1..

6. Runde: FK-Aufteilung ...1...2...1..

7. Runde: 3 Fäden (1,00 m) einhängen, ab hier FK-Aufteilung ...1...1...1..

8. Runde: FK u. HP-Faden einarbeiten und 2 Fäden (0,50 m) einhängen

9. Runde: FK

10. Runde: FK

11. Runde: FK-Aufteilung ...1...2...1..

12. Runde: Mit Rippenknoten am Metallring befestigen

HP = Holzperle

1E = 1 Faden einhängen

2E = 2 Fäden einhängen

FK = Flachknoten

Natürlich können Sie auch kleine Sonnenräder aus Kunstseidengarn arbeiten. Der Ring hat hier einen Durchmesser von 12 cm.

Eule

Zeitbedarf: 4 bis 5 Stunden
Schwierigkeitsgrad: mittel

Material

- Acrylgarn, 3 mm stark:
  16 x 4,50 m in Beige
  2 x 4,50 m in Braun
  4 x 3 m in Beige zum Einhängen
  je 2 x 4 m in Beige und Braun für die
  äußeren Flachknotenbänder am Kopf
  je 2 x 5 m in Beige und Braun für die
  Flachknotenbänder am Rumpf
- Bambus- oder Holzstab, 2,5 mm ∅,
  mit 2 Abschlussperlen
- 1 kleiner Holzzweig
- 2 Plastikringe, 10 mm ∅
- 2 Holzperlen, 10 mm ∅
- kurze braune Fäden

Anleitung

Die 18 Fäden (4,50 m lang) werden entsprechend der Abb. 5 auf Seite 10 über den Bambus- oder Holzstab geknüpft, wobei außen die beiden braunen Fäden liegen. Es wird nun nach dem Knüpfschema der Abb. 45 geknüpft.

1. Reihe: Knüpfen Sie von links nach rechts 8 rechts beginnende FK und 1 links beginnenden FK. Bei zweifarbigen Knüpfarbeiten ist diese Unterscheidung wichtig, denn die Farbmuster sind unterschiedlich.

2.–9. Reihe: Es werden versetzte FK zu einer Spitze nach unten geknüpft mit der Aufteilung ...1...2...1..

Danach werden entlang dieser Spitze von oben nach unten 3 Rippenknotenreihen geknüpft, wobei die 1. und 2. Reihe die braunen Fäden als Führungsfäden haben.

10. Reihe: Die Führungsfäden werden an der Nase der Eule überkreuz geknüpft, wie in Abb. 21 und 22 auf Seite 15 gezeigt ist.

Nun werden beidseitig unterhalb der Rippenknoten FK zu einer Spitze nach unten gearbeitet (Abb. 44).

Abbildung 44: Spitze nach unten

```
    \\\
 FK \\\
    FK \\\
 FK   FK \\\
   FK   FK \\\
 FK   FK   FK \\\
   FK   FK   FK \\\\ (Spitze)
 FK   FK   FK   A
   FK   FK
 FK   FK
   FK
 FK
```

D	FK	FK	FK	FK	FK	FK	FK	FK	FK	D			1
	\\\	FK	FK	FK	FK	FK	FK	FK	FK///				2
		\\\	FK	FK	FK	FK	FK	FK//					3
		\\\	FK	FK	FK	FK	FK///						4
			\\\	FK	FK	FK	FK//						5
			\\\	FK	FK	FK//							6
				\\\	FK	FK//							7
				\\\	FK	FK///							8
					\\\	FK	///						9
						\\\X///							10
					///	FK	\\\						11
				///	FK	FK	\\\						12
			///	FK	FK	FK	\\\						13
		///	FK	FK	FK	FK	\\\						14
	///	FK	FK	FK	FK	FK	\\\						15
	///		FK	FK	FK	FK		\\\					16
E	///	**FK**	FK	FK	FK	**FK**	\\\	E				17
FK		FK		**FK**		FK		FK				18
1E								**1E**				
FK	FK	FK	FK	**A**		FK	FK	FK	FK			19
FK	FK	FK	FK	FK		FK	FK	FK	FK			20
				2E								
FK	FK	FK	FK	FK	FK	FK	FK	FK	FK			21
FK	FK	FK	FK	FK	FK	FK	FK	FK	FK			22
FK	FK	FK	FK	FK	FK	FK	FK	FK	FK	FK		23
FK	FK	FK	FK	FK	FK	FK	FK	FK	FK			24
				:								
				:								
FK	FK	FK	FK	FK	FK	FK	FK	FK	FK	FK		37
FK	**FK**	**FK**	**FK**	FK	FK	**FK**	**FK**	**FK**	FK			38
	B						**B**					
FK	FK	**C**		FK	FK	FK		**C**	FK	FK		39
\\\		**FK**		FK	FK		**FK**		///			40
	\\\		FK	FK	FK			///				41
		\\\		FK	FK		///					42
		\\\	FK	///								43
			\\V//									44

Abbildung 45: Knüpfschema Eule

Entlang dieser beiden FK-Spitzen werden vom Punkt A 3 Rippenknotenreihen geknüpft, und zwar so, dass die braunen Fäden Führungsfäden für die ersten beiden Rippenknotenreihen sind.

11.–16. Reihe: Es werden versetzte FK nach dem Knüpfschema Abb. 45 geknüpft.

17. Reihe: Um eine Verengung unterhalb des Kopfes zu erreichen, wird in dieser Reihe mit einem großen FK (...2...4...2..) links und rechts begonnen und zwischen den beiden werden 3 FK (...1...2...1..) geknüpft.

18. Reihe: Links und rechts des großen FK werden 1 FK (...1...2...1..), wieder 1 großer FK mit ...2...4...2.. und 2 FK mit ...1...2...1.. gearbeitet.

19. Reihe: Über den jeweils ersten FK der 18. Reihe wird beidseitig ein Faden (3 m) eingehängt, bevor von beiden Seiten 4 FK (bis zum Punkt A) geknüpft werden. Am Punkt A entsteht eine kleine Lücke. Hier wird später das FK-Band des Kopfbereichs hineingesteckt.

20. Reihe: Hier werden 9 FK geknüpft. Damit der Rumpf breiter wird, werden über dem mittleren FK, wie angegeben, 2 Fäden à 3 m eingehängt.

21.–37. Reihe: Knüpfen Sie versetzte FK. Wenn die äußeren Knoten sehr eng geknüpft werden, wird der Rumpf der Eule bauchig.

38. Reihe: Es wird beidseitig mit 1 FK ...1...2...1.. begonnen. Danach werden über dem Punkt B mit ...2...4...2.. FK-Bänder mit 5 FK geknüpft. Zwischen beiden FK-Bändern werden 2 FK (...1...2...1..) gearbeitet.

39. Reihe: Nun werden von links nach rechts 2 FK vor Punkt C, dann 3 FK und nach dem rechten Punkt C wieder 2 FK mit ...1...2...1.. geknüpft.

40. Reihe: In dieser Reihe werden die beiden FK-Bänder mit 1 großen FK (...2...8...2..) als Erbsknoten nach unten wieder eingeknüpft.

Die Mittelfäden der Erbsknoten werden später auf der Rückseite abgebunden und vernäht. Zwischen beiden Erbsknoten werden 2 FK (...1...2...1..) gearbeitet.

41.–43. Reihe: Es wird die Spitze nach unten vollendet.

Nun werden 3 Rippenknotenreihen nach unten, entlang der Spitze gearbeitet, die Fäden mit dem Netzknoten (Abb. 14, Seite 13) abgebunden und abgeschnitten. Nun müssen noch die Augen und die äußeren FK-Bänder gearbeitet werden.

Augen
Für die Augen werden kurze braune Fäden in den kleinen Plastikring fest eingehängt und mit den Holzperlen am Kopf angenäht oder auch geknüpft.

FK-Bänder: Für den Kopfbereich werden am Punkt D des Knüpfschemas beidseitig ein brauner und ein beigefarbener Faden à 4 m auf den Holzstab aufgeknüpft, und zwar so, dass die Mittelfäden (braun und beige) ca. 40 cm lang sind. Nun werden links und rechts 2 FK-Bänder mit 26 FK geknüpft.

Hierbei ist zu beachten, dass die FK gegensätzlich beginnen. Das heißt, wenn auf der linken Seite mit rechts beginnenden FK begonnen wird, müssen es auf der rechten Seite links beginnende sein. Die Bänder werden im Punkt A eingeführt und auf der Rückseite abgebunden.

Nun werden oberhalb der Rippenknoten im Punkt E die nächsten Fäden (à 5 m) eingehängt und die FK-Bänder für den Rumpfbereich mit je 35 FK geknüpft. Hier ist zu beachten, dass die Mittelfäden des Bandes ca. 60 cm lang sind. Die beiden FK-Bänder werden nach Abb. 15 auf Seite 13 abgebunden und auf eine Länge von 3–4 cm abgeschnitten. Zum Abschluss wird ein Zweig durch die Erbsknoten gesteckt.

Lampen

Allgemeines zum Lampenknüpfen

In der Wohnraumgestaltung lässt sich Makramee vielseitig verwenden. Neben anderen Dekorationen sind auch Lampenschirme sehr beliebt, denn sie sind zeitlos, leicht zu pflegen und schmücken einen Raum.

Das Knüpfen der hier beschriebenen Lampen ist nicht schwer, aber Sie sollten erst mit einer solchen Arbeit beginnen, wenn Sie sich schon etwas Routine beim Knüpfen erworben haben. Beim Lampenknüpfen kommt es auf gleichmäßiges Knüpfen an.

Als Material werden nicht zu dünne, temperaturunempfindliche Garne verwendet.

Wir haben für alle beschriebenen Lampen Acrylgarn mit einer Stärke von 3 mm verwendet. Die Lampengestelle sind farbbehandelte oder plastikbeschichtete Drahtgestelle. Auch ausgedienten Gestellen können Sie zu neuem Glanz verhelfen, allerdings müssen schadhafte Stellen vorher ausgebessert werden.

Da die Drahtbügel mit eingeknüpft werden, werden sie mit Knüpfgarn fest umwickelt (Abb. 46). Dazu benötigen Sie die 3-fache Fadenlänge.

Sie können Ihre Makramee-Lampe auch waschen. Stellen Sie Ihren Lampenschirm einfach in die Badewanne und duschen Sie ihn ab.

Fransen an den Lampen müssen nach dem Waschen gerade geschnitten werden, weil die Drehung des Garns unterschiedlich sein kann.

Wenn Sie die Hinweise beachten, werden Sie viel Freude mit Ihrer selbst geknüpften Lampe haben. Unsere Stehlampe wurde z. B. 1979 geknüpft und ziert noch heute unser Wohnzimmer.

Ovale Hängelampe

Zeitbedarf: ca. 12 bis 15 Stunden
Schwierigkeitsgrad: mittel

Material

- Lampengestell: Höhe: 26 cm, 40 cm ⌀, 12 Bügel (Segmente), oberer Ring: 12 cm ⌀
- Acrylgarn, 3 mm stark:
  48 x 3,00 m
  24 x 2,80 m
  24 x 2,00 m
  24 x 1,50 m
  12 x 0,80 m
- 12 kleine Holzperlen, 7,5 mm ⌀

Anleitung

Beginnen Sie oben. Es werden 48 Fäden à 3 m nach Abb. 4 auf Seite 10 eingehängt, in jedes Segment 4 Fäden. Dadurch entstehen 96 Arbeitsfäden, in jedem Segment 8.

1. Runde: Mit diesen 8 Arbeitsfäden pro Segment wird ein großer Flachknoten (FK) mit

Abbildung 46: Umwickeltes Drahtgestell

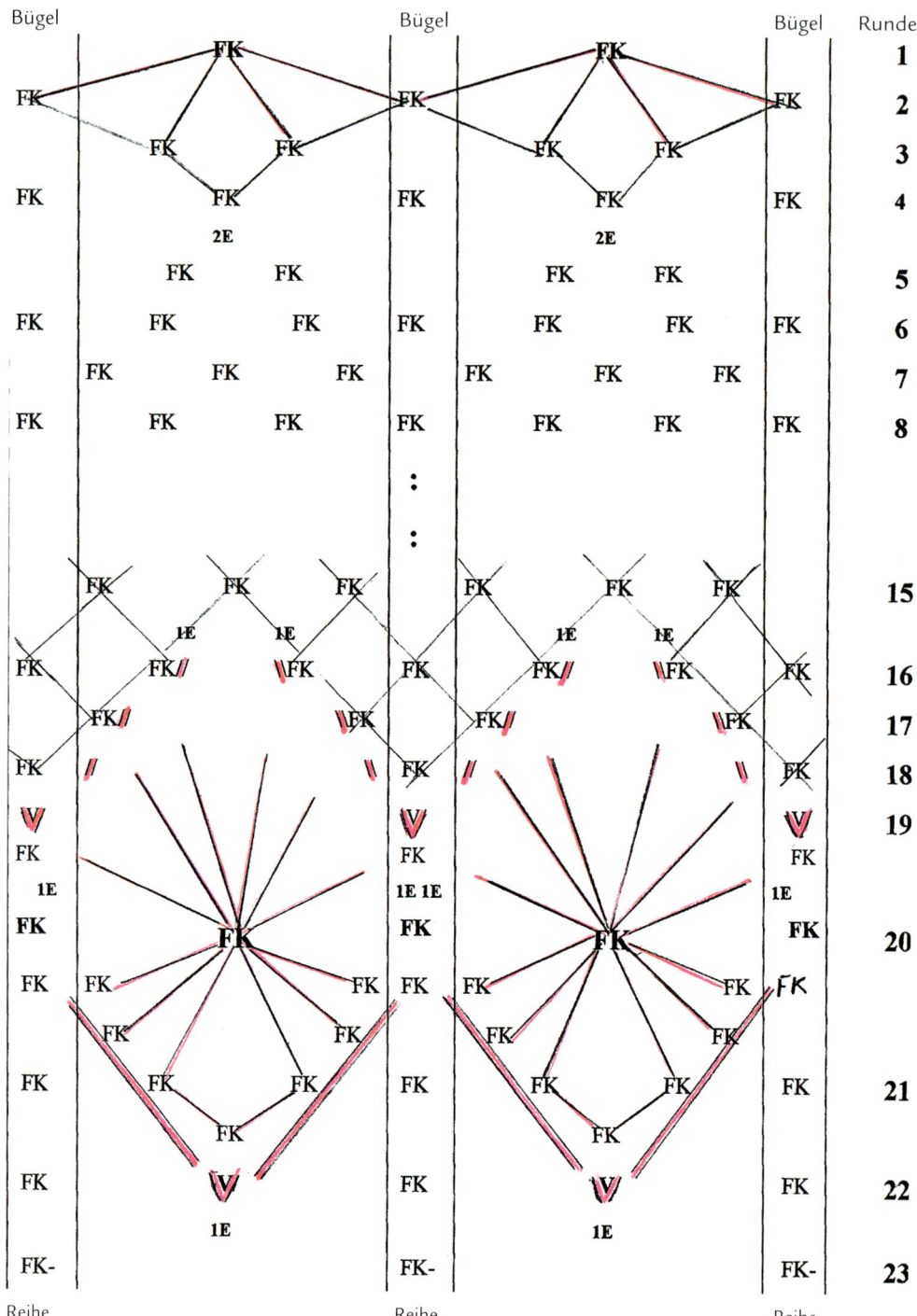

Abbildung 47: Knüpfschema Hängelampe (2 Segmente)

der Aufteilung ...1...6...1.. geknüpft. Die nächsten FK haben die Aufteilung ...1...2...1..

2. Runde: Über den Drahtbügel wird ein FK gearbeitet.

3. Runde: Zwischen 2 Drahtbügeln werden 2 FK geknüpft.

4. Runde: Auf den Bügeln wird 1 FK und im Segment zwischen beiden wird 1 weiterer FK gearbeitet, über den 2 Fäden à 2,80 m eingehängt werden.

5. Runde: Es werden 2 FK zwischen den Bügeln geknüpft, dabei bleiben die eingehängten Fäden unberücksichtigt.

6. Runde: Nun wird je 1 FK über den Bügeln und 2 FK zwischen den Bügeln geknüpft, die eingehängten Fäden werden jetzt mit einbezogen.

7. Runde: Es werden 3 FK zwischen den Bügeln geknüpft.

8. Runde: 4 FK, wie Runde 6

9. Runde: 3 FK, wie Runde 7

...

16. Runde: 4 FK, davon 2 über den beiden Bügeln

17.–18. Runde: Es wird eine FK-Spitze über den Bügeln geknüpft und mit einer Rippenknotenreihe, die in Runde 16 angesetzt wird, abgeschlossen. Nun wird über dem Rippenknotenansatz je 1 Faden à 2 m eingelegt. Eine Fadenhälfte dieses Fadens dient als Führungsfaden für die nun folgende 2. Rippenknotenreihe.

19. Runde: Unter der Rippenknotenspitze wird über den Bügel 1 FK geknüpft. Unterhalb der Rippenknotenreihen werden nun von oben nach unten FK-Reihen (in der Mitte 1 FK, links und rechts je 3 FK) geknüpft.

20. Runde: In diesem Rhombus wird 1 großer FK mit der Aufteilung ...2...8...2.. gearbeitet.

Mit den je 2 Fäden links und rechts des Bügels wird 1 FK geknüpft. Innerhalb der Bügel werden 2 FK-Reihen schräg nach unten zu einer Spitze gearbeitet. Mit 1 FK werden die beiden Reihen verbunden. Unter dieser FK-Spitze wird eine Rippenknotenreihe geknüpft. Danach wird je 1 Faden neben dem FK des Bügels (à 1,50 m) eingehängt und mit einer Fadenhälfte als Führungsfaden die 2. Rippenknotenreihe gearbeitet.

In die Rippenknotenspitze wird ein Faden (0,80 m) eingehängt und mit 1 FK (...1...4...1..) abgeschlossen.

21. Runde: Es werden 1 FK über den Bügeln und anschließend beidseitig entlang der Rippenknotenreihen 4 FK bis zur Spitze (...1...2...1..) und in der Spitze 1 FK mit ...1...4...1.. geknüpft.

22. Runde: wie 21. Reihe.

23. Runde: Danach wird über den Bügeln 1 FK-Reihe mit 4 FK gearbeitet.

24. Runde: Zum Abschluss werden alle Fäden mit Rippenknoten straff am Lampenring befestigt und jeweils 2 Fäden mit Netzknoten (Abb. 14, Seite 13) abgebunden.

Es ist wichtig, dass die Netzknoten dicht am Ring liegen. Das braucht ein wenig Übung.

Die Fäden werden auf eine gleiche Länge (ca. 7–8 cm) geschnitten. Dazu ist es notwendig, die Lampe freihängend zu messen und zu schneiden.

In jede Spitze der Rhomben wird eine Perle aufgenäht.

Hängelampe mit Krone

**Zeitbedarf: 13 bis 16 Stunden
Schwierigkeitsgrad: mittel**

Material

- Lampenschirm: Höhe 26 cm, 10 Lampenbügel (Segmente), oberer Rand 12 cm ⌀, unterer Rand (gebogen): 40 cm ⌀, Krone: 4 cm hoch
- schwach gedrehtes Mischgarn, 2,5 mm stark:
  40 x 3,00 m
  20 x 2,80 m
  20 x 2,20 m
  20 x 1,50 m
  10 x 1,00 m
- 10 Perlen, 5 mm ⌀

Anleitung

Nach dem Umwickeln der Stäbe werden pro Segment 4 Fäden (das entspricht 8 Arbeitsfäden) eingehängt (s. Abb. 4, Seite 10).

Diese Fäden werden hinter dem Kronenansatz nach vorn zu 1 großen FK mit der Aufteilung ...1...6...1.. zusammengefasst.

Nun wird entsprechend dem Knüpfschema Abb. 47 auf Seite 54 in der 2. Runde weitergeknüpft. In der 13. Runde werden zusätzlich in jedes Segment je 1 Faden (à 2,20 m) links und rechts des Drahtbügels eingeknüpft.
Bis zum Rhombus werden bis zur 16. Runde weiterhin versetzte FK gearbeitet, danach wird der Rhombus entsprechend der Abb. 47 auf Seite 54 gearbeitet.

Nach den Rippenknotenreihen werden beidseitig schräg nach unten 5 FK gearbeitet, nachdem in der Spitze je 1 Faden à 1 m eingehängt wurde.
Beide Reihen werden mit 1 FK verbunden.
Der Abschluss wird analog der Abb. 47 gearbeitet.
Die Fransen sind bei dieser Lampe 9 cm lang und es wurden 10 helle Perlen aufgenäht.

Blumenförmige Hängelampe

Zeitbedarf: 12 bis 15 Stunden
Schwierigkeitsgrad: mittel

Material

- Lampenschirm: Höhe: 25 cm, 10 Lampenbügel (Segmente), oberer Ring (gebogen): 20 cm ∅, unterer Ring (gebogen): 52 cm ∅
- Acrylgarn, 3 mm stark:
  60 x 3,00 m
  20 x 2,80 m
  40 x 2,50 m
  40 x 1,60 m
  20 x 1,40 m
  10 x 0,80 m
- 10 Perlen, 6 mm ∅

Anleitung

Nachdem die Drahtbügel umwickelt wurden, werden in jedes Segment 6 Fäden à 3 m eingehängt. Es entstehen 12 Arbeitsfäden pro Segment.

Knüpfen Sie wie folgt weiter:
1. Runde: 1 großer FK mit ...1...10...1..
2. Runde: je 1 FK über den Bügel knüpfen mit ...1...2...1..
3. Runde: links und rechts des Bügels je 1 FK
4. Runde: je 1 FK über den Bügel, 2 FK neben dem Bügel
5. Runde: 3 FK zwischen den Bügeln
6. Runde: wie 4. Runde (4 FK)
7. Runde: 3 FK usw.
12. Runde: 4 FK (wie 4. Runde)
13. Runde: links und rechts des Bügels je 1 FK
14. Runde: 1 FK über dem Bügel. Es ist eine Spitze über dem Bügel entstanden. Dieser Arbeitsschritt ist vergleichbar mit der 15.–18. Runde des Knüpfschemas der Abb. 47 auf Seite 54 (Mittelbügel).

Unterhalb des mittleren FK der 11. Runde (dort, wo die Spitze entsteht) wird beidseitig eine Rippenknotenreihe zur Spitze gearbeitet und danach werden am gleichen FK 2 Fäden à 2,80 m eingehängt.

Mit der einen Hälfte des eingelegten Fadens als Führungsfaden wird die 2. Rippenknotenreihe zur Spitze gearbeitet.

15. Runde: Mit 1 FK wird über dem Bügel die Rippenknotenreihe geschlossen. Nun wird am Beginn der Rippenknotenreihen 1 FK geknüpft. Danach werden links und rechts dieses Knotens, entlang dem Rippenknoten, 3 FK geknüpft. Den Mittelpunkt dieses Rhombus bildet 1 großer FK mit ...2...8...2.., auf den je 2 Fäden à 2,50 m eingehängt werden.

16. Runde: Es wird je 1 FK über den Bügel geknüpft. Danach schließt sich eine schräg nach unten verlaufende FK-Reihe mit 4 FK an.

Der erste Rhombus zwischen den Drahtbügeln wird mit 1 FK in der entstandenen Spitze geschlossen.

17. Runde: Jetzt entsteht ein Rhombus über den Drahtbügeln, indem zunächst 1 großer FK mit ...2...12...2.. über dem Bügel geknüpft wird.

Ausgehend von den je 2 Mittelfäden der erste Rhombenspitze werden wieder FK-Reihen schräg nach unten zu einer Spitze gearbeitet.

18. Runde: 1 FK über den Bügeln verbindet beide FK-Reihen.

Der zweite Rhombus ist nun fertig.

Die Fäden am Bügel bleiben hängen, wenn mit den restlichen Fäden ein großer FK mit ...2...12...2.. zwischen den Bügeln geknüpft wird.

In diesem FK werden 2 Fäden à 1,60 m eingehängt.

Ausgehend von den hängen gelassenen Fäden am Bügel werden FK-Reihen schräg nach unten zur Spitze gearbeitet (beidseitig 5 FK). Mit 1 FK werden die beiden Reihen zur Spitze vollendet.

Der 3. Rhombus ist fertig.

Entlang den FK-Reihen schließt sich nun eine Rippenknotenreihe an. Links und rechts am Bügel wird je 1 Faden à 1,40 m eingehängt.

Mit der einen Hälfte des Einhängefadens als Führungsfaden wird die 2. Rippenknotenreihe gearbeitet. In der Spitze wird nun je 1 Faden à 60 cm eingelegt.

19. Runde: Über dem Bügel wird ein FK-Band von 10 FK geknüpft.

Nun werden alle Fäden mit Rippenknoten straff am Lampenring befestigt, mit Netzknoten (jeweils 2 Fäden) abgebunden und die Fransen auf eine Länge von 10–12 cm (Bogenmitte) geschnitten.

Zum Schluss werden die Perlen in die Spitze der dritten Rhomben genäht.

Auch bei dieser Arbeit sind der eigenen Phantasie keine Grenzen gesetzt.

Sie können anstatt der aufgenähten Perlen Großloch-Perlen in den Rhombus mit einfädeln. Vorstellbar wäre auch, anstatt der großen Flachknoten Brezelknoten (Seite 14, Abb. 16) zu knüpfen.

Stehlampe

Zeitbedarf: ca. 22 bis 26 Stunden
Schwierigkeitsgrad: mittel

Material

- Lampenschirm: Höhe: 52 cm, 10 Bügel (Segmente),
  oberer Ring (gebogen): 32 cm ∅,
  unterer Ring (gebogen): 50 cm ∅
- Acrylgarn, 3 mm stark:
  60 x 4,80 m
  20 x 4,20 m
  20 x 4,00 m
  20 x 3,00 m
  50 x 2,50 m
  10 x 0,80 m
- 10 Holzperlen, 6 mm ∅

Anleitung

Die Drahtbügel werden mit dem gleichen Garn umwickelt, mit dem die Lampe geknüpft wird. Anschließend werden in jedes Segment 6 Fäden nach Abb. 4 auf Seite 10 eingehängt. Es wird nach dem Knüpfschema (Abb. 48, S. 62) gearbeitet.

1. Runde: 1 großer Flachknoten wird geknüpft mit der Aufteilung ...1...10...1..

In den folgenden 4 Runden werden FK-Reihen schräg nach unten geknüpft, mit der Aufteilung ...1...2...1..

2. Runde: je 1 FK auf dem Bügel (den Bügel immer mit einknüpfen!)

3. Runde: je 1 FK neben dem Bügel

4. Runde: 2 FK in der Mitte des Segments

5. Runde: Die beiden FK-Reihen, die sich nun gebildet haben, werden mit 1 FK verbunden. Auf dem Bügel wird 1 großer FK (...1...6...1..) gearbeitet.

6.–8. Runde: Von der Mitte des Segments werden FK-Reihen (wie 2.–5. Runde) schräg nach unten zum Bügel geknüpft. Auf dem Bügel werden die beiden FK-Reihen mit 1 FK verbunden. Es folgen nun die Rippenknotenreihen.

Dazu nehmen Sie je 1 Faden des Mittelknotens der 5. Runde als Führungsfaden (F) und knüpfen die 1. Rippenknotenreihen entlang den FK-Reihen schräg nach unten zum Bügel. Danach wird am Rippenknotenansatz links und rechts je 1 Faden à 4,20 m eingehängt und mit je einem dieser Fäden als Führungsfaden die 2. Rippenknotenreihe gearbeitet. Die Rippenknoten müssen eng aneinander liegen.

9. Runde: Die beiden Rippen werden über dem Bügel gekreuzt (Abb. 22, Seite 15) und mit 1 FK in der 10. Runde abgeschlossen.

Nun wird zwischen den Rippenknotenreihen ein Rhombus mit versetzten FK nach nebenstehendem Muster geknüpft.

Dieser Rhombus wird mit einer doppelten

```
                        FK
                    FK  FK
                FK  FK  FK
            FK  FK  FK  FK
                FK  FK  FK
                    FK  FK
                        FK
```

Rippenknotenreihe, die entlang dieser FK gearbeitet wird, abgeschlossen.

11. Runde: Über dem Bügel wird 1 FK geknüpft.

12. Runde: Knüpfen Sie 1 FK links und rechts neben dem Bügel.

13.-14. Runde: Arbeiten Sie 2 weitere FK entlang der Rippenknotenreihe schräg nach unten zur Mitte des Segments (Spitze der Rippenknotenreihe).

15. Runde: 1 FK verbindet die FK-Reihen in der Mitte des Segments. In gleicher Höhe wird 1 großer FK mit ...1...10...1.. über dem Bügel gearbeitet.

16.-18. Runde: Dieser Rhombus über dem Bügel wird mit je einer schräg nach unten gehenden FK-Reihe weitergeführt.

19. Reihe: Die FK-Reihen werden mit 1 FK auf dem Bügel verbunden. Nun wird unterhalb der Rippenknotenspitze weitergearbeitet (16. Runde). Zunächst werden in die Spitze und über den FK der Spitze 2 Fäden à 4 m eingelegt und 2 FK geknüpft, in der nächsten Runde 3 FK und danach 4 FK. Nun sind Sie auf gleicher Höhe mit dem FK über dem Bügel (19. Runde).

20.-31. Runde: Arbeiten Sie FK-Runden mit versetzten FK. In der 31. Runde sind 4 FK zwischen und je 1 FK auf dem Bügel.

32.-35. Runde: Es wird eine FK-Spitze über dem Bügel gearbeitet und je 1 Rippenknotenreihe von dem mittleren FK der 30. Runde ausgehend geknüpft.

Danach werden am Ansatz der 1. Rippenknoten 2 Fäden (à 3 m) eingehängt und mit je 1 Faden als Führungsfaden die 2. Rippenknotenreihe zum Bügel geknüpft.

36. Runde: Die Rippen kreuzen sich über dem Bügel (Abb. 21, Seite 15) und schließen mit 1 FK ab.

37. Runde: Entlang diesen Rippen werden FK-Reihen zur Spitze geknüpft, die in der

38. Runde: mit 1 FK verbunden werden.

In gleicher Höhe entsteht in der Mitte des Segments 1 großer FK mit der Aufteilung ...2...16...2.. Auf diesem werden 3 Fäden à 2,50 m eingehängt. Nun werden FK-Reihen mit beidseitig 5 FK zu einer Spitze schräg nach unten zur Segmentmitte geknüpft, die mit 1 FK verbunden werden.

Den FK-Reihen schließt sich ausgehend von den Bügeln je 1 Rippenknotenreihe schräg nach unten an.

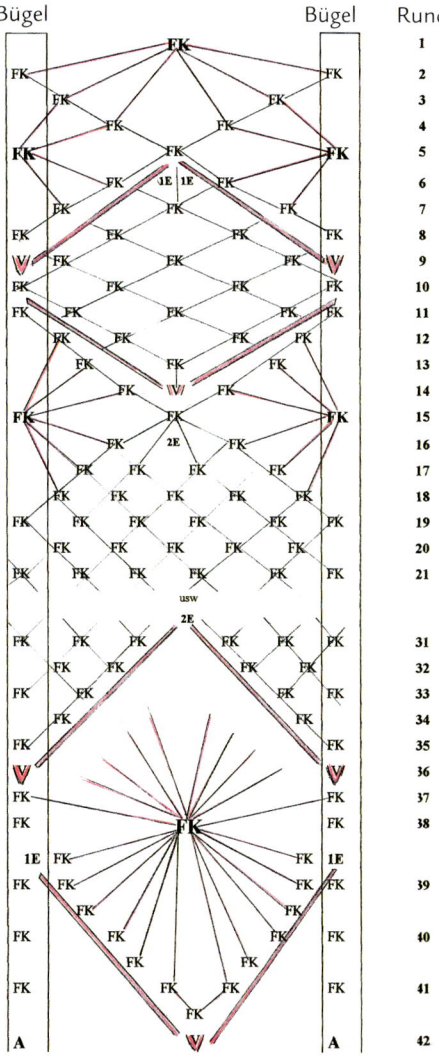

Abbildung 48: Knüpfschema Stehlampe

Am Rippenansatz wird am Bügel links und rechts je 1 Faden à 2,50 m eingehängt und mit 1 Faden als Führungsfaden die 2. Rippenknotenreihe geknüpft.

39. Runde: Es wird 1 FK über dem Bügel gearbeitet und es schließt sich eine FK-Reihe unterhalb der Rippenknoten an.

40.–41. Runde: wie 39. Runde

42. Runde: Über dem Bügel wird 1 FK-Band von 7 FK (bis zum Lampenrand) vom Punkt A aus geknüpft, in die Spitze des mittleren Flachknoten im Segment 1 Faden (0,80 m) eingelegt und alle Fäden werden fest am unteren Lampenrand mit Rippenknoten befestigt. Nun werden die Holzperlen in die Rhombenspitzen genäht.

Sie können auch Großlochperlen direkt in den Lampenschirm einknüpfen. Zum Schluss werden immer 2 Fäden zusammen mit einem Netzknoten (Abb. 14, Seite 13) abgebunden und die Fransen bei einer Länge von 10–12 cm abgeschnitten.

Hier sehen Sie eine andere Lampenform, die leicht nachgearbeitet werden kann. Die Höhe ist 52 cm und die Fadenlänge beginnt ebenfalls mit 4,80 m.

Da diese Lampe oben sehr schmal ist, beginnen Sie später mit dem Einlegen von weiteren

Fäden. Um die Länge der einzulegenden Fäden richtig zu bemessen, richten Sie sich nach der Fadenlänge des aktuellen Arbeitsstandes.

Wichtig ist die richtige Fadenlänge zu Beginn der Arbeit.